V&R

Dienst am Wort

Die Reihe für Gottesdienst und Gemeindearbeit

124

Vandenhoeck & Ruprecht

Gottesdienste dramaturgisch

Michael Leonhardi

Mit einem Geleitwort von Alexander Deeg

Vandenhoeck & Ruprecht

Bibliografische Information der Deutschen Nationalbibliothek

Die Deutsche Nationalbibliothek verzeichnet diese Publikation in der
Deutschen Nationalbibliografie; detaillierte bibliografische Daten sind
im Internet über http://dnb.d-nb.de abrufbar.

ISBN 978-3-525-59533-6

Layout: weckner media+print GmbH, Göttingen
Druck und Bindung: ⊕ Hubert & Co, Göttingen

Gedruckt auf alterungsbeständigem Papier.

Geleitwort

„Dramaturgische Liturgik" nennt Michael Leonhardi, Studierendenpfarrer in Dresden, das Konzept, das hinter den Dresdner ESG-Gottesdiensten steht, die er mit diesem Band dokumentiert. Damit erinnert Leonhardi an die „Dramaturgische Homiletik", die Martin Nicol 2002 vorlegte[1] und an der wir seither gemeinsam arbeiten.[2]

Hier wie dort geht es darum, Spannungen wahrzunehmen und zu inszenieren – in der Dramaturgischen Homiletik bezogen auf die Predigt, bei Leonhardi bezogen auf den Gottesdienst insgesamt. Hier wie dort werden darum die Wechselschritte von Form und Inhalt, vom Teil und dem Ganzen beschritten – mit dem Ziel, Hörerinnen und Hörer bzw. Gottesdienstfeiernde mit hineinzunehmen in die bleibend spannende und wechselvolle Geschichte von uns Menschen am Beginn des 21. Jahrhunderts mit dem einen Gott Israels und Herrn der Welt.

Wenn ein homiletisches Modell Pate für ein liturgisches Konzept steht, so könnte kritisch gefragt werden, ob dies nun die konsequente Unterwerfung des Gottesdienstes unter das dominierende Leitbild der Predigt, die vollständige „Homiletisierung" der Liturgie bedeuten soll. Die Gottesdienste, die Leonhardi als Ergebnisse intensiver Teamarbeit in der Dresdner ESG vorlegt, bieten zwar manchmal viel „Text", lassen diese Frage aber dennoch verneinen. Denn es gibt – gleichsam als Gegengewicht zu einer ansteckenden Fülle liturgischer Kreativität und vielen wohl überlegten Worten – feststehende symbolisch-rituelle Ankerpunkte im gottesdienstlichen Geschehen, vor allem das meist in traditioneller Form gefeierte Abendmahl. So bestimmt das Wechselspiel von Kreation und Innovation, von Ritual und Wort die hier vorgelegten Gottesdienste.

Was sich in den Praxisbeispielen der Dramaturgischen Liturgik besonders deutlich zeigt, ist die vielfache Bewegung, die in den Entwürfen steckt. Da ist die hermeneutische Bewegung, die sich zwischen biblischen Worten und eigenen Worten der Gebete oder der Predigt ereignet. Da ist die ganz konkrete Bewegung der Agierenden im gottesdienstlichen Raum oder die inszenatorisch-dramaturgische Bewegung zwischen Gesprochenem und Pantomimischem, zwischen Anspiel und Predigt, zwischen alten und neuen Texten. Besonders eindrucksvoll erscheint diese bewegte Liturgie dort, wo sich über die Erkundung eines Bewegungsablaufs, der in einem biblischen Text entdeckt wird, eine heutige Lebensbewegung erschließt – wie es sich im Gottesdienstentwurf zur Jona-Erzählung zeigt (vgl. 133–144). Insgesamt gerät auch der übliche Ablauf des Gottesdienstes in

---

1 Vgl. Martin Nicol, Einander ins Bild setzen. Dramaturgische Homiletik, Göttingen ²2005.
2 Vgl. Martin Nicol/Alexander Deeg, Im Wechselschritt zur Kanzel. Praxisbuch Dramaturgische Homiletik, Göttingen 2005.

---

vielfältige Bewegung – und nicht selten werden einzelne Sequenzen dramaturgisch eindrucksvoll an eine neue Stelle gesetzt und gerade so in ihrer Bedeutung gewürdigt – etwa in dem Entwurf „Lichtermeer" (145–156), in dem das Abendmahl *vor* der Predigt gefeiert wird.

Man spürt den Dresdner Gottesdiensten ab, dass nicht einer allein am Schreibtisch für die Ausarbeitung zuständig war, sondern Entwicklung und Durchführung in einem Team geschahen. Ein Reichtum unterschiedlicher Einfälle und kreativer Ideen ist wahrzunehmen, gleichzeitig auch eine Fülle von Lebens- und Glaubensfragen, die sich mit biblischen Texten oder Themen des christlichen Glaubens verbinden.

Die sorgfältige Dokumentation der Gottesdienste in diesem Band macht es möglich, die Dresdner Gottesdienste an anderem Ort nochmals zu feiern. Es ist aber ebenso möglich, sich von einzelnen Sequenzen (in der Sprache der Dramaturgischen Homiletik würde man sagen: „Moves") anregen zu lassen. Viele der Gebete oder Segensformulierungen, viele der Anspiele oder Predigtbausteine eignen sich keineswegs nur für einen Gottesdienst, der sich insgesamt mit dem vorgegebenen biblischen Text oder dem von den Studierenden gewählten Thema beschäftigt. Immer wieder bieten die ESG-Gottesdienste Anregendes zu neuen Themen (Schokolade, Genialität, Neid …) und eher wenig gepredigten biblischen Texten, immer wieder findet sich aber auch Neues zu altbekannten Texten und Themen (etwa dort, wo sich ein ganzer Gottesdienst mit der Metapher des Lichts auseinandersetzt).

Die Dresdner Gottesdienste zeigen, was Dramaturgische Liturgik heißen kann – und fordern zu eigener Aneignung, kritischer Reflexion und liturgischer Kreativität heraus. Wenn dies geschieht, werden Gottesdienste gefeiert werden – nicht nur in Dresden –, bei denen die Feiernden plötzlich und überraschend mit Jona unter dem Wacholder sitzen, den Weg von der Gefangenschaft in die Freiheit erleben oder mit den Jüngern im Boot den rettenden Satz aufs Neue hören: „Seid getrost. Ich bin's! Fürchtet Euch nicht!".

Erlangen, März 2009

Pfr. Dr. Alexander Deeg

Inhalt

Einführung

Das Profil der Evangelischen Studentengemeinde Dresden ist auch durch seine Gottesdienste bestimmt. Jedes Jahr finden zehn bis zwölf Gottesdienste statt. Diese werden von den in jedem Semester neu gewählten Vertrauensstudenten vorbereitet. So wurden seit dem Sommersemester 2000 rund 100 Gottesdienste von 85 engagierten jungen Menschen gestaltet, deren Ideen immer wieder staunen lassen. Die meisten Gottesdienste fanden in unserer Villa in der Liebigstraße 30 oder in der Zionskirche um die Ecke statt. Aber wir haben auch Gottesdienste mit ungewöhnlichen Gestaltungelementen im Deutschen Hygienemuseum Dresden zur Eröffnung der Ausstellung „Die Zehn Gebote", im Meißner Dom und in der Frauenkirche Dresden gefeiert. Durch die Vorbereitung an mindestens drei Abenden über drei Wochen hinweg hatten die Beteiligten oft Zeit, Dinge länger zu durchdenken. Dies und meine Begegnung mit dem Atelier Sprache in Braunschweig, namentlich mit Prof. Martin Nicol und Dr. Alexander Deeg haben den ESG-Gottesdiensten in Dresden neue Anstöße zur Umsetzung und Reflexion gegeben. Das, was Nicol/Deeg in ihrem Ansatz der Dramaturgischen Homiletik auf die Predigt beziehen, wollen wir in der ESG Dresden im Blick auf den gesamten Gottesdienst umsetzen.

In diesem Band finden sich *15 Entwürfe* mit weitaus mehr Material als für 15 Gottesdienste. Punkt 3 jedes Entwurfes ist der *Ablauf- und Materialteil*. Die nötige *Vorbereitung* ist in Punkt 2 beschrieben. Den *Hintergrund* der entstandenen Gottesdienste erläutert Punkt 1. Hier wird unter *Methodische Umsetzung* eine Übersicht über das Material gegeben, das für den jeweiligen Gottesdienst bereitgestellt ist. Dass auch ein dramaturgischer Gottesdienstentwurf am besten im Wechselschritt von Praxis und Reflexion gelingt, will das ansatzweise Aufzeigen der *dramaturgischen Struktur* deutlich machen.

In den ESG-Gottesdiensten kommen auch Eigenkompositionen als *Lieder* zum Einsatz. Im Anhang finden sich sechs Titel von Hans-Bernhard Liebau, die bei uns gern und oft gesungen werden.

In der ESG Dresden wird in jedem Gottesdienst *Abendmahl* gefeiert. Im Entwurf „Geschwister" wird diese Abendmahlspraxis unserer Gemeinde deutlich. Im Gegensatz zum sonstigen freien Umgang mit klassischen liturgischen Elementen hat sich hier eine feste Form herausgebildet. Nur im Hochgebet finden sich vorsichtige Anklänge an das Thema des jeweiligen Gottesdienstes. Diese Zurückhaltung entspricht zum einen einem Abendmahlsverständnis, das nicht willkürlich in traditionell vorgegebene Abläufe eingreift und sich an der Ökumene orientiert. Zum anderen stellt diese verlässliche Form einen wichtigen Gegenpol zum sonst sehr kreativen dramaturgischen Gottesdienstgeschehen dar. Einzig im „Lichtermeer"-Entwurf haben wir den liturgischen Ort des Abendmahls aus inhaltlichen und formalen Gründen vor die Predigt gelegt. Das Abendmahl rückt so mehr ins Zentrum des Gottesdienstes und wird von der emotional sehr dichten Lichtermeeraktion umschlossen.

Bettina Reinköster hat den Aufbau des Buches mit konzipiert und sein Entstehen engagiert begleitet. Falko Schwennigcke hat große Listen erstellt und alles in eine gute Form gebracht. Christiane Heidig, Tina Meißner und Susanne Platzhoff haben den Text mit Adleraugen geprüft und viel Zeit investiert, um alles gut aufzuarbeiten. Dafür sei ihnen herzlich gedankt.

Das Buch erscheint im 60. Jahr des Bestehens der ESG Dresden. Es verweist darauf, dass Studentengemeinden nach wie vor Orte guter Tradition und wunderbarer Kreativität sind.

Dresden im Mai 2009

Michael Leonhardi

1. Ausgeträumt

Bibeltexte: Die Seligpreisungen Mt 5,1–12 und
Kindheitsgeschichten Jesu Mt 1 und 2 (in Auswahl)

Hintergrund

Entstehungsgeschichte

Der traditionelle Ökumenische Jahresanfangsgottesdienst der Dresdner Studentengemeinden (KSG/ESG) fand im Januar 2007 erstmals als Universitätsgottesdienst in der Frauenkirche statt. Die Hauptverantwortung lag bei der ESG. Lehrende und Studierende der Dresdner Hochschulen waren zu diesem Gottesdienst eingeladen, 800 Menschen haben ihn miterlebt.

Dramaturgische Struktur

Der Titel „Ausgeträumt" erfährt eine 4fache Entfaltung: „Schöner Traum" – „Raue Wirklichkeit" – „Verschränkung von Traum und Wirklichkeit" und „Träume als Anstoß zur Veränderung der Wirklichkeit". Das Besondere an diesem Gottesdienst im Blick auf die dramaturgische Liturgik liegt einerseits in der Spannung zwischen biblischer Lesung und Antitexten aus der Erfahrungswelt, sowie andererseits in der dialogischen Ausgestaltung der Ambivalenz von Traum und Wirklichkeit.

Methodische Umsetzung

Der erste Teilaspekt „Schöner Traum" wird durch eine bunte Ausleuchtung des Altarraums, klassische Musik eines Streichquartetts sowie die Lesung der Seligpreisungen realisiert. Das Aufwachen aus diesem Traum leiten 20 klingelnde *Wecker* ein, die von Mitwirkenden im Schlusstakt der klassischen Musik betätigt werden. Die anschließende Konfrontation mit der „Rauen Wirklichkeit" erfolgt durch Umschaltung auf normales Licht, *Antitexte*, die von vier Sprechern, die hinter der Gemeinde auf Stühlen stehen, zum Altar geschrien werden. Die Antitexte sind sprachlich im Stil der Seligpreisungen formuliert, werfen inhaltlich jedoch die Theodizeefrage auf und enden mit der Forderung, dass sich die Welt schon heute verändern möge. Dies greifen vier *Pantomimen* auf und setzen es ansatzweise um. Sie sitzen zwischen den Gottesdienstbesuchern und animieren die Gemeinde, sich gegenseitig Töne zuzusummen und sich schließlich auf einen Ton einzustimmen. Die nun folgende „Verschränkung von Traum und Wirklichkeit" vollzieht sich zunächst in einer *dialogischen Lesung* von Auszügen aus Mt 1 und 2. Dazu werden die biblischen Texte in „Wirklichkeitsbericht" und „Traumerzählungen" eingeteilt und im Wechsel von zwei Liturgen gelesen. Die *Prediger (Realist und Träumer)* nehmen diesen Dialog auf. In *Fürbitten* und einem wiederum von zwei Personen gesprochenen *Segen* werden abschließend „Träume als Anstoß zur Veränderung der Wirklichkeit" formuliert.

Vorbereitung

Es werden benötigt:
- Bunte Scheinwerfer zur „traumhaften" Beleuchtung des Altarraums
- Mehrere laut klingelnde Wecker (wir hatten 20) sowie Mitwirkende, die diese auf ein Zeichen hin betätigen
- 4 Sprecher für Sprechmotetten (Antitexte zur Bergpredigt)
- 4 Pantomimen (schwarze Kleidung, weiße Theaterschminke), die Töne summen
- 2 Liturgen für dialogische Lesung und entfalteten Segen
- 2 Prediger für Dialogpredigt

Ablauf des Gottesdienstes

Schöner Traum

BEGRÜSSUNG

Die Weihnachtszeit war dieses Mal besonders kurz. Manchmal kommt sie einem vor wie ein Traum, aus dem man viel zu schnell erwacht. Ausgeträumt! Der Alltag hat uns wieder. Aber haben wir die Botschaft dieses Festes wirklich aus-, wirklich zu Ende geträumt?

LIED

Wie schön leuchtet der Morgenstern (EG 70)

KYRIE UND GLORIA

LESUNG

Die Seligpreisungen Mt 5,1–12

KLASSISCHES MUSIKSTÜCK
(Streichquartett)

Raue Wirklichkeit

WECKER KLINGELN
In den Schlusstakt des klassischen Stücks hinein klingeln die Wecker gleichzeitig.

SPRECHMOTETTEN
Diese Antitexte zu den Seligpreisungen werden aus verschiedenen Ecken des Raumes nach vorne gerufen.

Sprecher 1
Selig sind, selig sind … und was bist Du Gott, bist Du selig, wenn Du siehst, wie es jetzt und hier in der Welt zugeht?

Sprecher 2
Oder schaust Du einfach weg, weil Du die Missstände auf der Erde gerade nicht sehen willst?

Sprecher 3
Bist Du als Schöpfer der Welt nicht verantwortlich für alles Leid und alle Ungerechtigkeit?

Sprecher 4
Warum müssen wir von der Zukunft träumen und der Traum von der Gegenwart ist ausgeträumt?

Sprecher 1
Versuch uns doch zu verstehen und sieh wie es uns geht:

Sprecher 2
Verzweifelt sind die, die keine Arbeit haben.

Sprecher 3
Angst haben die Menschen, die wissen, dass sie krank sind und bald sterben müssen.

Sprecher 4
Traurig sind die, die einen geliebten Menschen verloren haben und ohne ihn nicht weiter wissen.

Sprecher 1
Ausgebrannt sind die, deren Ohren für das Leid der anderen immer offen sind.

Sprecher 2
Unterdrückt werden die, deren Stimme zu leise ist, um sich durchzusetzen.

Sprecher 3
Opfer von Gewalt werden die, die sich nicht verteidigen können oder wollen.

Sprecher 4
Zwischen die Fronten geraten die, die Konflikte ohne Waffen zu lösen versuchen.

Sprecher 1
Ausgelacht werden die, die von einer gerechten Welt träumen.

Sprecher 2
Reicht es Dir aus, erst morgen das Himmelreich zu sehen?

Sprecher 3
Reicht es Dir aus, erst morgen getröstet zu werden?

Sprecher 4
Reicht es Dir aus, erst morgen satt zu werden?

Sprecher 1
Ich verlange, dass die Welt sich heute schon verändert! Warum hilfst Du uns nicht dabei?

PANTOMIME
Eine schwarz gekleidete Pantomimefigur mit weißem Gesicht erhebt sich, summt einen Ton an und wirft ihn als Geste zu einem nächsten Pantomimen, summt dabei selbst weiter. Der andere Pantomime steht ebenfalls auf, summt einen Ton, wirft dem nächsten den Ton zu usw. Wenn alle Pantomimen stehen und ihren Ton summen, versuchen sie, die anderen Gemeindemitglieder zum Summen zu animieren. Der Schluss wird intuitiv gefunden. Die Töne verklingen.

LIED

Verschränkung von Traum und Wirklichkeit

LESUNG *(Mt 1 und 2 in Auswahl)*
Die Lesung wird von zwei Personen – WirklichkeitsleserIn und TraumleserIn – gesprochen

Sprecher 1
Wir hören die zweite Lesung nach Matthäus im 1. und 2. Kapitel.

Mt 1,18 Die Geburt Jesu Christi geschah aber so: Als Maria, seine Mutter, dem Josef vertraut war, fand es sich, ehe er sie heimholte, dass sie schwanger war von dem heiligen Geist.
19 Josef aber, ihr Mann, war fromm und wollte sie nicht in Schande bringen, gedachte aber, sie heimlich zu verlassen.

Sprecher 2

20 Als er das noch bedachte, siehe, da erschien ihm der Engel des Herrn im Traum und sprach: Josef, Du Sohn Davids, fürchte Dich nicht, Maria, Deine Frau, zu Dir zu nehmen; …

Sprecher 1

Mt 2,1 Als Jesus geboren war in Bethlehem in Judäa zur Zeit des Königs Herodes, siehe, da kamen Weise aus dem Morgenland nach Jerusalem …

2,7 Und Herodes (*Text angepasst*) rief die Weisen heimlich zu sich und erkundete genau von ihnen, wann der Stern erschienen wäre,

2,8 und schickte sie nach Bethlehem und sprach: Zieht hin und forscht fleißig nach dem Kindlein; und wenn ihr's findet, so sagt mir's wieder, dass auch ich komme und es anbete.

2,9 Als sie nun den König gehört hatten, zogen sie hin. Und siehe, der Stern, den sie im Morgenland gesehen hatten, ging vor ihnen her, bis er über dem Ort stand, wo das Kindlein war.

10 Als sie den Stern sahen, wurden sie hoch erfreut

2,11 und gingen in das Haus und fanden das Kindlein mit Maria, seiner Mutter, und fielen nieder und beteten es an und taten ihre Schätze auf und schenkten ihm Gold, Weihrauch und Myrrhe.

Sprecher 2

12 Und Gott befahl ihnen im Traum, nicht wieder zu Herodes zurückzukehren;

Sprecher 1

und sie zogen auf einem andern Weg wieder in ihr Land.

Sprecher 2

13 Als sie aber hinweg gezogen waren, siehe, da erschien der Engel des Herrn dem Josef im Traum und sprach: Steh auf, nimm das Kindlein und seine Mutter mit Dir und flieh nach Ägypten und bleib dort, bis ich Dir's sage; denn Herodes hat vor, das Kindlein zu suchen, um es umzubringen.

Sprecher 1

14 Da stand er auf und nahm das Kindlein und seine Mutter mit sich bei Nacht und entwich nach Ägypten

15 und blieb dort bis nach dem Tode des Herodes …

Sprecher 2

19 Als aber Herodes gestorben war, siehe, da erschien der Engel des Herrn dem Josef im Traum in Ägypten

20 und sprach: Steh auf, nimm das Kindlein und seine Mutter mit Dir und zieh in das Land Israel; sie sind gestorben, die dem Kindlein nach dem Leben getrachtet haben.

Sprecher 1
21 Da stand er auf und nahm das Kindlein und seine Mutter mit sich und kam in das Land Israel.
22 Als er aber hörte, dass Archelaus in Judäa König war anstatt seines Vaters Herodes, fürchtete er sich, dorthin zu gehen.

Sprecher 2
Und im Traum empfing er Befehl von Gott und zog ins galiläische Land

Sprecher 1
23 und kam und wohnte in einer Stadt mit Namen Nazareth.

MUSIK

DIALOGPREDIGT
Die Predigt ist als Gespräch zwischen Wirklichkeit und Traum von zwei Personen zu lesen. Die Wirklichkeit (Prediger 1) spricht von der Kanzel. Der Traum (Prediger 2) spricht etwas aus dem Hintergrund, so dass Prediger 1 ihn nicht sehen kann.

Realität und Traum – zwei Welten

Prediger 1: Wirklichkeit
Lauter vernünftige Leute hier. Wie es sich für einen Universitätsgottesdienst gehört. Genau wie in der Weihnachtsgeschichte von Matthäus. Lauter vernünftige Leute: Josef ein pragmatischer Zimmermann. Er weiß, wo es lang geht. Nicht emotional überstürzt. Er wird offenbar betrogen, aber er lässt es sich nicht anmerken. Klammheimlich will er sich davon machen, damit es so aussieht, als würde er Fersengeld geben, nachdem er seine Frau geschwängert hat. Feiner Kerl. Die Weisen lassen sich nicht narren von Herodes. Machen dem Potentaten ihre Aufwartung, aber dann tauchen sie ab. Doppelagenten in eigener Sache. Ansonsten hätte Herodes sie auch beseitigt. Klare Sache. Und wieder Josef. Tut das einzig Richtige und wandert aus, nachts über die grüne Grenze, falsche Pässe wahrscheinlich, wie man das eben so macht. Dann: aufmerksamer Zeitungsleser, Herrscher tot – vielleicht zurück in die Heimat, aber Halt: Besser ein Umweg, der Nachfolger ist auch nicht besser.

Prediger 2: Traum
Kann ich auch mal was sagen!

Prediger 1
Wer sind Sie denn?

Prediger 2
Ich bin Dein Traum.

16

Prediger 1

Moment. Seit wann duzen wir uns denn? Ich kenne Sie ja gar nicht!

Prediger 2

Ich Dich schon. Aber unwichtig. Ist Dir, … Oh Verzeihung, ist Ihnen schon mal aufgefallen, dass die ganze Realität dieser Geschichte nur funktioniert, weil es dazwischen diese Träume gibt?

Prediger 1

Welche Träume?

Prediger 2

Na:

– „Da erschien ihm, dem Josef, ein Engel des Herrn im Traum …"

– „Und: – „Gott befahl ihnen, den Weisen, im Traum …"

– „Und: – „ein Engel des Herrn erschien ihm, dem Josef, im Traum …"

Und diese Träume kommen alle von Gott!

Prediger 1

Ach ja, natürlich, Gott. Wie konnte ich den vergessen. Auch so ein kluger Realist: Weist den Josef an, nicht einfach abzuhauen. Das gibt nur zwei Sozialfälle: Besser dableiben und das Kind großziehen. Und später gibt er die Devise: Keine Experimente. Keine Revolte, das ist nichts für junge Familien: Lieber emigrieren. Ein bisschen spießig zwar, aber eben realistisch. Am Ende gut gelandet in Nazareth. Und da sind wir wieder in der Realität.

Infragestellung der Realitäts – und der Traumwelt

Prediger 2

Natürlich Realität. Aber es geht doch um mehr. Es gibt nicht nur die Realität, die man messen und zählen kann. Es gibt nicht nur die Wirklichkeit, die einleuchtet. Es gibt auch die Bedeutung, die wir den Tatsachen geben. Und manche Tatsachen haben eben eine größere Bedeutung als wir denken. Manchmal merken wir es sogar noch! Wenn zum Beispiel in so einer berühmten und schönen Kirche, wo so viele bedeutende Leute sind, Einsame und Arbeitslose benannt werden, dann gewinnen diese an Bedeutung. Und wenn nach den Seligpreisungen von Jesus, die die ganze Welt kennt, ein Text von Studierenden aus Dresden dagegen gestellt wird, wird diese Stadt bedeutsam. Und Josef und Maria und dieses Kind sind eben auch nicht nur eine reale Familie. Dass dieses Kind bedroht ist und dass es trotzdem durchkommt, hat Bedeutung. Bedeutung bis in die kleinste Studentenbude und bis in die langweiligste Vorlesung hinein. Verstehen Sie, hier werden Grenzen überschritten!

Prediger 1

Schon wahr – das Ganze ist auf der Grenze angesiedelt. Im Grunde wie ein Thriller. Keiner kann sich auf den anderen verlassen: Josef nicht auf Maria, die Weisen nicht auf Herodes und Herodes nicht auf die Weisen. Das Ganze wie im Film. Aber darin ist Matthäus ja gerade Realist: Er filmt die Ereignisse nicht so wie sie sind, wie sie geschehen sind, aber wie sie wirken, wie Menschen sie erleben.

Prediger 2

Auch unsere Lebenswege entscheiden sich doch oft bei Nacht und Nebel.

Grenzüberschreitungen in die Realität und den Traum

Prediger 1

Na und ob. Wenn ich nur an die Uni denke. Natürlich träumen wir auch dort, aber das sagt doch nichts. Wenn ich allen Träumen folgen sollte, wo käme ich da hin? Man muss doch unterscheiden! Träume von Gott? Ja, das ist der Matthäische Special Effect – den richtigen Weg weist Gott, im Traum.

Prediger 2

Ehrlich gesagt, bin ich noch nie aufgewacht und wusste dann, dass Gott jetzt zu mir gesprochen hat. Ich träume meistens blödes Zeug.

Prediger 1

Vielleicht sollten Sie mehr in der Realität träumen!

Prediger 2

In welcher?

Prediger 1

Na in Ihrer!

Prediger 2

– Meine Realität sind die Studierenden mit ihren Fragen und Vorstellungen vom Leben. Mit ihrem Mut, das Leben anzupacken und mit ihrer Unsicherheit, ob sie überhaupt in dieser Gesellschaft gebraucht werden.
– Meine Realität ist die Angst vieler, mit für sie fremden Gedanken über Gott und die Welt konfrontiert zu werden.
Manche haben sogar Angst vor einer Schriftrolle.
– Meine Realität ist meine Familie. Ich habe eine Frau und fünf wunderbare Kinder. Für die habe ich oft wenig Zeit.
– Meine Realität ist …
Was träumen Sie denn so? Wenn Sie schon mal träumen?

Prediger 1

Oh, äh. „Ich habe einen Traum, dass eines Tages auf den roten Hügeln von Georgia …" Ach nein, wo waren die jetzt?

Ich träume davon, dass alle gern in die Uni kommen, ich träume davon, dass alle gemeinsam arbeiten und entdecken, wie die Welt funktioniert.

Ich träume davon, dass niemand neidisch ist auf die Erfolgreichen und niemand auf die Erfolglosen arrogant herab sieht.

Ich träume davon, dass wir Professoren nicht so eitel sind. Ich träume davon, dass einmal wieder Vernunft einzieht …

Aber zurück zu den Tatsachen:

Verständlich wird die Weihnachtsgeschichte des Matthäus, wenn man sich vor Augen führt, dass keiner der Beteiligten so genau wusste, was er/sie machen sollte. Erst wenn wir nicht mehr weiter wissen, oder wenn wir nur glauben zu wissen, melden sich Träume.

Sie sind ein Wegweiser jenseits all dessen, was wir uns vormachen.

Manchmal ermutigen sie uns, wie den Josef auf der Flucht: Weggehen, nicht am Vertrauten kleben, etwas wagen, um dem Tod zu entgehen.

Manchmal rufen sie uns zurück auf den richtigen Weg, wie die Magier, die dann doch nur ihrem Stern vertrauen und nicht Herodes, der Verführung durch die Macht, die Position.

Der Traum zeigt Wege. Und wenn man erwacht, wenn zunächst ausgeträumt ist, muss man die Träume prüfen. Deshalb gibt es keine Träume ohne Deutung. Deshalb redet Gott in Träumen, weil es eben keine einfachen Befehle sind, weil wir eben trotzdem noch entscheiden müssen, ob und wohin wir gehen wollen.

Prediger 2

Wussten Sie schon, dass die Geschichte von der Flucht nach Ägypten selbst noch nicht so zu Ende ist, wie sie in der Bibel steht?

Prediger 1

Sie geht noch weiter?

Prediger 2

Ja, bis heute.

Prediger 1

Sie meinen die grausame Realität, dass es auch heute noch so viele Flüchtlinge gibt.

Prediger 2

Wenn die Realität weiter geht, müssen auch die Träume weitergehen.

Die Maler zum Beispiel. Die sind einfach weiter gegangen. Weiter, als die Geschichte selbst erzählt. Sie haben gemerkt, dass in der Geschichte von der hektischen Flucht nach Ägypten etwas fehlt. Deshalb haben sie die Geschichte weitergeträumt. Sie haben „die Ruhe auf der Flucht" gemalt.

Nicht nur ein Maler, sondern viele: Caravaggio, Rembrandt, Hans Thoma
… Sie haben etwas hineingeträumt, was unbedingt dazugehört zu einer
Flucht. Bei aller Hektik. Trotz aller Angst … Und jetzt: Ist diese Ruhe da.
Man kann sie sich ansehen, drüben in den Alten Meistern zum Beispiel.
Und niemand kann bestreiten, dass das Realität ist.

Prediger 1
Natürlich. Die alten Bilder …
Haben Sie schon einmal auf das Licht geachtet in diesen Bildern? Die Maler
haben das Licht benutzt, um auf die Bedeutung dieser Geschichte hinzu-
weisen.

Prediger 2
Immer wo weitergeträumt werden soll, spielt das Licht der Welt eine entscheidende Rolle.

Prediger 1
Realistischerweise muss man dieses Weiterträumen für alle biblischen Texte
in Betracht ziehen.

Prediger 2
Genau so sollt Ihr sie verstehen, die Bibel. In ihren Geschichten ist Platz für
Euch, wenn Ihr Euch nur traut, dazwischen zu gehen. Wenn Ihr nur den
Mut habt, Euch selbst hineinzuträumen. Und dann: Ja, dann seid Ihr mit-
tendrin. Das sind traumhafte Möglichkeiten.

Prediger 1
Aber, liebe Gemeinde, man kann nichts prüfen, was nicht da ist.
Ihr müsst Realisten sein, um mit Träumen etwas anfangen zu können.
So ist es. Amen.

Prediger 2
Komisch. Ich habe es nun gerade anders herum gedacht, liebe Gemeinde:
Ihr müsst träumen, um Realisten sein zu können. Ja. So soll es sein. Amen.

KURZE MEDITATIVE MUSIK

GLAUBENSBEKENNTNIS

LIED

Träume als Anstoß zur Veränderung der Wirklichkeit

FÜRBITTEN UND VATERUNSER *(6 Sprecher)*

Sprecher 1
Ich habe schon Momente erlebt, in denen Gott mir nahe war, mir Kraft und Antrieb gegeben und gezeigt hat, wie schön das Leben ist. Aber manchmal habe ich es schwer, ihn in meinem Alltag zu sehen und ich fühle mich von ihm so fern. Ich träume davon, dass all die Verzweifelten, Ängstlichen, Traurigen, Ausgebrannten, Unterdrückten und Ausgelachten mit mir in unserer Welt die Erfahrung seiner Nähe machen. Lasst uns beten und gemeinsam in das Kyrie einstimmen: Kyrie ... (178.9)

Sprecher 2
Mein Gott, jeden Tag sehe ich die langen Schlangen der Arbeitslosen, die im Alltag der Bürokratie zu Nummern werden. Oft fehlt die Zeit, ganz individuell auf ihre Sorgen und Nöte einzugehen. Viele von ihnen fühlen sich klein und wertlos und haben die Hoffnung auf ein erfülltes Arbeits- und Berufsleben bereits aufgegeben. Ich habe den Traum, dass diese Menschen gerecht und würdevoll behandelt werden und dass sie spüren können, dass sie einzigartig sind und ihr Leben einen Sinn hat. Wir bitten Dich, zeig den vielen arbeitslosen Menschen in unserem Land, dass sie gebraucht werden und lass sie Deine Nähe spüren. Wir rufen gemeinsam zu Dir und singen: Kyrie ...

Sprecher 3
Lieber Gott, ich kenne so viele, die unentschlossen sind, was sie mit ihrem Leben anfangen sollen. Sie können sich nicht entscheiden, weil sie nicht wissen, wie sie ihre Gaben nutzen sollen. Ich habe den Traum, dass sie nicht zögern, einen Weg einzuschlagen und dass sie eingeschlagene Wege nicht beim ersten Hindernis verlassen. Gott, wir bitten Dich, schenke ihnen den Mut und das nötige Durchhaltevermögen und lass sie erkennen, was richtig für sie ist. Wir rufen gemeinsam zu Dir und singen: Kyrie ...

Sprecher 4
Von Krieg und Gewalt in unserer Welt sehe ich jeden Tag die schrecklichen Bilder und Berichte. Sie berühren mich schon gar nicht mehr und scheinen so weit entfernt zu sein, dass sie mich gar nicht mehr betreffen. Ich habe den Traum, dass wir es nicht mehr als selbstverständlich hinnehmen, dass so viele Menschen durch Krieg und Gewalt leiden müssen, während wir in Frieden leben dürfen. Vater, bitte behüte die Menschen, denen es in dieser Hinsicht nicht so gut geht wie uns. Schenke ihnen Hoffnung in ihrer schweren Situation. Wir rufen gemeinsam zu Dir und singen: Kyrie ...

Sprecher 5
Fast täglich komme ich mit Menschen zusammen, die krank und manchmal auch dem Tode nahe sind und sehe ihre Nöte und Ängste. Herr, ich habe den Traum, dass Du diesen Menschen hilfst, mit ihren Nöten und Ängsten umzugehen. Wir bitten Dich, gib auch ihren Angehörigen die Kraft, den Kranken beizustehen und ihnen Mut zu machen. Sei auch bitte bei den Menschen, die trauern, und zeige ihnen das Licht am Ende des Tunnels. Wir rufen gemeinsam zu Dir und singen: Kyrie …

Sprecher 6
Was ein Mensch zu sagen hat, erkenne ich nicht an der Lautstärke seiner Stimme. Oft werde ich überhört oder kann mich nicht durchsetzen, wenn ich mich nicht darauf einlasse, laut und aggressiv zu streiten. Vater, ich habe den Traum, dass auch die leisen Stimmen gehört werden. Wir bitten Dich, schenke in dieser rauen Welt Raum für Sanftheit und lass die Schwachen die Stärkeren sein. Wir rufen gemeinsam zu Dir und singen: Kyrie …

Gott, bei Deinem Sohn wurde der Traum wahr, dass Lahme gehen, Blinde sehen und die Letzten die Ersten sind.
Mit seinen Worten beten wir: *Vater Unser* … Amen.

LIED

ANSAGEN

SEGEN *(2 Sprecher)*

Sprecher 1
Geht in das neue Jahr mit der Zusage, dass die Realität nicht ohne Traum ist.

Sprecher 2
Geht in das neue Jahr in der Zusage, dass der Traum Gottes für diese Welt nicht ohne Realität ist.

Sprecher 1
Lasst diesen traumhaften Zuspruch Wirklichkeit in Eurem Leben sein. Steht auf zum Segen:

Sprecher 2
Wenn Deine Wirklichkeit zu wenig Platz hat für das Leben:

Sprecher 1
Gott verträumt Dich in Deinem Traum.

Sprecher 2
Wenn das Leben bedroht ist um Dich herum:

Sprecher 1
Gott bereitet durch Dich mit einem Traum ein anderes vor.

Sprecher 2
Wenn Du vor der Realität flüchten willst:

Sprecher 1
Gott holt Dich mit Deinem Traum in diese Welt.

Sprecher 2
Wenn Dir der Alltag keine Zeit für Träume lässt:

Sprecher 1
Gott stiehlt für Dich Augenblicke, in denen Du dazu frei bist.

Sprecher 2
Wenn Deine Träume und Wirklichkeiten getrennt sind:

Sprecher 1
Gott zeigt Dir eine Brücke, auf der sich beide begegnen.

Sprecher 2
Du nimmst Deine Träume mit in dieses beginnende Jahr.

Sprecher 1
Du landest in der Realität mit Seinem Traum vom Leben.

Sprecher 2
So segne und behüte Dich Gott, der Allmächtige und Barmherzige.

Der Vater, der Sohn und der Heilige Geist. Amen.

ORGELNACHSPIEL

2. Anfang und Ziel | Wettlauf und Pfeil

Bibelstelle: Phil 3,12–14

Hintergrund

Entstehungsgeschichte

Mit Beginn des Sommersemesters 2008 waren auch die alten Fragen nach Anfang und Ziel, Umbruch und Neuanfang wieder da. In jedem Semesteranfangsgottesdienst geben die alten ihr Amt an neue Vertrauensstudenten weiter. Sie begegnen sich an einem Punkt, der ein besonderes Ziel und ein besonderer Anfang zugleich ist.

Dramaturgische Struktur

Die klassische Liturgie will mit Alltagssituationen verwoben werden, die biblischen Texte verbinden sich mit heutigem Erleben. Dies gelingt anschaulich über Bilder und Personen. Das Besondere an diesem Gottesdienst im Blick auf die dramaturgische Liturgik ist die offene Einführung des Themas, die Verbindung von Zeitebenen durch Personen und der Wechsel vom statischen Thema zur Bewegung durch ein Bild in der Predigt.

Methodische Umsetzung

Der Gottesdienst beginnt klassisch mit *liturgischer Begrüßung, Kyrie und Gloria*. Eine *Sprechmotette* lenkt den Zuhörer spielerisch zum ersten Grundgedanken des Gottesdienstes: „Am Anfang war das Ziel". Auch die weiteren Aspekte „Der Weg ist das Ziel", sowie „Das Ziel ist es, anzufangen" werden durch drei *Anspielszenen* veranschaulicht: Drei Personen aus unterschiedlicher Zeit: Abraham, der den Entschluss gefasst hat, wegzuziehen in das Land, das Gott ihm zeigen wird; ein Kranker, der von Jesus geheilt wird; und eine Studentin, die mit der Wahl ihrer Studienrichtung unsicher ist, treffen aufeinander. Die *Predigt* nimmt das Thema Anfang und Ziel auf und wandelt es in das Bild vom Bogenschützen um. Der *entfaltete Segen* greift die Bewegung aus den Worten Anfang, Weg und Ziel auf.

Vorbereitung

Drei Personen lernen drei kurze Anspieltexte.

Ablauf des Gottesdienstes

MUSIK

LITURGISCHE BEGRÜSSUNG/KYRIE UND GLORIA

Liturg
Wir feiern diesen Gottesdienst im Namen des Vaters und des Sohnes und des Heiligen Geistes. Amen. Lasst uns beten und dreimal in das Kyrie (EG 178.9) und dann in das Gloria (Durch Hohes und Tiefes 135) einstimmen.

Sprecher 1
Großer, guter Gott. Wir sind hier, aber unsere Gedanken und Gefühle sind teilweise noch woanders. Du weißt, was uns bedrückt: Da gab es Streit. Wir mussten Abschied nehmen. Wir haben nicht alles geschafft, was wir uns vorgenommen haben. Gemeinsam rufen wir zu Dir und singen: Kyrie …

Sprecher 2
Wir haben Sorgen mit unserem Studium. Der Alltag wird bald einkehren. Werden wir Freunde finden? Wie werden wir die einsamen Stunden in der großen Stadt überstehen? Werden wir für alles das rechte Maß finden? Gemeinsam rufen wir zu Dir und singen: Kyrie …

Sprecher 1
Wir denken über uns und unsere kleine Welt hinaus. Es gibt Hunger und Krieg. Viele Menschen sind auf der Flucht, werden bedroht und bleiben einsam. Für all die Not in dieser Welt rufen wir zu Dir und singen: Kyrie …

Sprecher 2
Herr, unser Gott: Wir danken Dir für die Semesterpause. Wir haben viel erlebt. Wir erinnern uns an freie Tage, schöne Reisen und gute Begegnungen. Jetzt freuen wir uns auf diesen Gottesdienst und das, was vor uns liegt. Dafür loben wir Dich und singen: Gloria …

Am Anfang war das Ziel

TEXT. DAS ABC DES ANFANGS
von zwei Personen langsam im Wechsel zu lesen

Am Anfang war …
der Anfang
die Berührung
das Chaos
die Dröhnung
die Erkenntnis
die Freiheit
der Gedanke
das Huhn
die Inspiration
das Jenseits
der Klang
die Lust
das Meeresrauschen
der Neandertaler
die Ohnmacht
der Pilotfilm
der Querdenker
die Ruhelosigkeit
die Suche
die Tat
der Urknall
die Vielfalt
das Wort
das X-Chromosom
das Yin & Yang
Am Anfang war das Ziel.

Lied

Alle Knospen springen auf (Durch Hohes und Tiefes 10)

Anspielszene 1: Ziel

Abraham, Studentin und Kranke treten auf. Alle sitzen auf Stühlen und unterhalten sich:

Abraham

Ich denke ich werde Auswandern. *(anderen schauen fragend)* Es wird sicher nicht einfach. Ich weiß auch nicht genau, was mich dort erwartet. Aber ich bin mir da mittlerweile sicher. Mir wird das hier alles zu eng.

Studentin

Nun, was ich gerade mache, gefällt mir eigentlich überhaupt nicht, aber was ich sonst machen soll, weiß ich auch nicht. Literatur ist ja so ein Hobby, aber wie soll das zusammmen passen? Ach, ich weiß nicht.

Abraham und Studentin
Und wie sieht es bei Dir aus?

Kranke/später Geheilte
Nun, ich wäre froh, mal einfach am Samstag zum Bäcker gehen zu können und mal ins Kino so wie alle anderen auch. Ich will laufen, auch wenn's da kaum Hoffnung gibt.

LIED

Mein Hirte bist Du (siehe Anhang)

PREDIGT

NOCH EINMAL ABSTAND HALTEN
„Zurücktreten
von der Bahnsteigkante! Der Zug fährt ab. Welcher Zug? Der ICE Dresden SS 2008 nach …
Ja wohin eigentlich? Welches Ziel hatte ich doch gleich?
Ich sehe einen Punkt vor mir.
Damit fing alles an. Das wollte ich. Da will ich hin.
Das Semester ist mein Ziel, die Prüfung, das Studium, der Beruf.
Die Liebe ist mein Ziel, der Partner fürs Leben, die Familie.
Das Glück ist mein Ziel, mein Sinn, mein Glaube, mein Leben.
Bin ich das Ziel?
Ich sehe viele Punkte vor mir.
„Zurücktreten vom Ich. Zurücktreten vom Ziel." „Zurücktreten vom Anfang!"
Damit aus den vielen einzelnen Punkten ein Bild wird.

ZIEL ALS BEWEGUNG
Das älteste Bild, auch biblisch, für „Ziel" ist das Schießen eines Pfeils mit dem Bogen.
Da wird aus dem schwarzen Punkt eine Zielscheibe. Und zwischen der Zielscheibe und dem Augenpunkt des Schützen entsteht eine Linie. Das ergibt eine Ziellinie, eine Fluglinie, eine Zeitlinie und eine Raumlinie.
Die Alten nannten die Raumlinie Grenzziel. Und über dieses Grenzziel durfte nicht geschossen werden. Ziele sind abgesteckt. Das gute an Zielen ist also auch, dass sie begrenzt sind.

BOGENSCHIESSEN SOMMERSEMESTER 2008.
Auf dem Bild siehst Du Bogen, Pfeil, einen Schützen und eine Zielscheibe. Wer bis Du in diesem Bild? Wer bist Du in diesem Semester?
„Zurücktreten!"
Jetzt kommt die gute Nachricht: Du bist nicht das Ziel. Du bist nicht die Zielscheibe. Natürlich wirst Du genug Pfeile in diesem Semester erleben, auch Giftpfeile. Aber Du musst sie nicht alle auf Dich beziehen. Du bist nicht so oft gemeint. Das ist manchmal auch Glück.

28

„ZURÜCKTRETEN!"

Das ganze Leben in den Blick nehmen. Erst dann siehst Du das Ziel.

Schock! Wenn wir genug Abstand haben, kommt für uns alle das Ende in den Blick: der Tod.

Du kannst es hinauszögern.

Du kannst es schön reden.

Aber Du kannst Dich nicht um dieses Ende drücken. Was Du aber kannst ist: Zurücktreten.

Und beim Zurücktreten wirst Du einen Unterschied bemerken: Dein Ende ist nicht Dein Ziel. So verrückt ist das. Dein Ende ist nicht Dein Ziel. Am Ende wartet Christus. Und Christus bringt Dich ans Ziel. Dein Ziel ist Gott.

Bei Gott wird einmal alles in allem sein (1 Kor 15,28). Das ist Dein Ziel.

Stecke Dir Dein Ziel also nicht zu kurz. Behalte dieses Ziel im Auge.

Richte Dein Leben auf diese Linie zwischen Auge und Ewigkeit aus.

Ewigkeit? Ganz schön weit weg, was?

DAS ZIEL SPIEGELT SICH IM AUGENBLICK

Aber es gibt ja noch das Auge. Und das Auge sagt: In mir spiegelt sich die Welt.

Aber in mir spiegelt sich auch das Ziel. In meinem Blick.

Mitten in diesem Semester wird mein Augenblick sein. Mitten in dieser Woche. An diesem Abend. Jetzt!

Wenn Du sagst: Ich habe Heimweh. Und der andere sagt: Ich weiß. Dann werde ich glänzen.

Und wenn der andere sagt: Ich habe Angst vor diesem Semester.

Und Du sagen kannst: Ich auch. Dann werde ich glänzen.

Und wenn dann einer zu Dir sagt: Frieden sei mit Dir. Und Du sagen kannst: Und Friede sei mit Dir, dann wird der Glanz von Ewigkeit in Euren Augen ein.

Dann ist das Ziel ganz nah, zum Greifen nah.

Aber wir berühren es nicht. Es berührt uns.

Mitten auf dem Weg, mitten auf der Flugbahn, mitten in unserem Leben spiegelt sich das Ziel.

WER BIN ICH?

Bogenschießen SS 2008. Auf dem Bild: Bogen, Schütze, Pfeil, Zielscheibe.

Unser eigenes Ziel sind wir nicht. (Das wäre wirklich zu kurz geschossen.)

Sind wir der Schütze, der Bogen? Manchmal kommen wir uns so vor.

Aber es ist ungünstig, wenn man am Ziel ankommen will.

Es bleibt nur eins für Dich: Du bist der Pfeil.

Du wurdest irgendwann losgeschossen. Aber Du selbst findest Dich schon immer auf dem Flug vor. Du bist der Pfeil.

Lebensregeln sind Flugregeln

Für Deinen Flug gelten Regeln. Die Flugregeln Deines Lebens werden vom Ziel, also von Gott her, bestimmt. Es sind fünf:

– Du bist frei. Steck Deine Rationalität und Deine Emotionalität ganz in den Flug. Zieh Deine Flugbahn. Du hängst nicht fest.
   Merke: Gott will Dich als Pfeil, nicht als Drahtseilbahn.
– Deine Identität ist offen. Du musst nicht von Anfang an wissen, wer Du bist. Es wird sich bei Deinem Flug immer mehr zeigen. Du wirst sehen.
   Merke: Vergiss die Fotos, die Du vor der Reise in Deinem Kopf gemacht hast.
– Lebe konsequente Solidarität. Es fliegen noch andere auf das Ziel zu. Achte ihre Flugbahn.
   Warnung: Wer nicht über sich hinaus denkt, fühlt und lebt, wird eng.
– Dein Glaube will sich verändern. Jede Flugreise wird anders, als sie gedacht ist.
   Merke: Glaube ist Bewegung, kein Handgepäck.
– Lebe Deinen Glauben. Was Gott will, kannst Du bedenken und bereden. Aber nur wer fliegt, gestaltet.
   Warnung: Lass Dir nicht vom Bodenpersonal erklären, was Fliegen ist.

Pfeilsein braucht Mut

Bogenschießen Sommersemester 2008.
Auf dem Bild sehe ich Bogen, Schütze, Zielscheibe und Pfeil.
Du bist der Pfeil. Flieg!
Du kannst das Ziel verfehlen.
Willst Du mehr Sicherheit? Dann gibt es nur einen Weg: Nicht fliegen.
Dann ist eins ganz sicher: Du kommst nicht an.
Bogenschießen Sommersemester 2008.
Du bist der Pfeil. Flieg!
Das klingt ziemlich gefährlich. Ist es auch. Gott hat sich das so ausgedacht. Wir nennen das Leben. Es gibt keine Garantie. Nur die Verheißung: Setze Deinen Fuß in die Luft. Sie trägt. (nach Hilde Domin)
Amen.

Lied

Ich mach Station am Weg (Durch Hohes und Tiefes 351)

Einführung der neuen Vertrauensstudenten

Glaubenslied
EG 780

Der Weg ist das Ziel

ANSPIELSZENE 2: AUFBRUCH
Abraham und Studentin sitzen da und unterhalten sich (der Kranke fehlt bei dieser Szene)

Studentin
Es gibt da an der Uni einen Studiengang, da kann man Literaturwissenschaften studieren. Ich hab mich da auch schon kundig gemacht, wegen der Aufnahmebedingungen. Das mit dem BAföG ist natürlich doof. Ich muss dann die letzten Semester halt jobben, damit ich was zu beißen hab. Nur meinen Eltern wird das natürlich überhaupt nicht passen.

Abraham
Na, bei mir geht's morgen los. Alles ist gepackt. Das Haus verkauft. Von den meisten Leuten, die ich kenne, hab ich mich schon verabschiedet. Mein Neffe Lot kommt auch mit seiner Familie mit.

Studentin
Ach bei Dir ist das ja so klar.

Abraham
Ja, mein Ziel ist klar, nun kann es losgehen. Aber wie das wohl so alles werden mag?
Wo ist eigentlich unsere Freundin? Hat sie ein Weg zu ihrem Ziel gefunden?

LIED
Ein Schiff, das sich Gemeinde nennt (Durch Hohes und Tiefes 216.1+2)

FÜRBITTEN

ABENDMAHL

LIED
Ein Schiff, das sich Gemeinde nennt (Durch Hohes und Tiefes 216.3–5)

Das Ziel ist es anzufangen

ANSPIELSZENE 3: ANFANG
Studentin sitzt da, guckt auf die Uhr, ungeduldig. Abraham kommt herein. Geheilte kommt herein gerannt.

Geheilte
Wisst Ihr, wo ich gerade herkomme? Ich war im Großen Garten, Inlineskaten! Ich bin so froh, was man alles machen kann, wenn man laufen kann!

Abraham

Es freut mich, dass das mit der Wunderheilung geklappt hat. Was hast Du denn jetzt alles vor?

Geheilte

Ich habe einen Tanzkurs belegt, davon konnte ich bisher nur träumen. Und im Winter will ich dann Skifahren. Und wie geht's Dir? Du hast doch auch einen Neuanfang gemacht.
Studentin springt auf und rennt raus.

Abraham

Mein Besitz hat sich verdoppelt, die Felder sind ertragreich, wir haben genug zu essen. Es hat sich wirklich gelohnt, nochmal neu anzufangen. Und stell Dir vor: Endlich habe ich auch einen Sohn!
Handy klingelt (Klingelton: Schafmähen)

Geheilte

Du, ich glaube, Deine Schafe haben Durst, Abraham.

Abraham

Nee, das wird Sara sein. *(zieht Handy aus der Tasche)* Ach nein, das ist eine SMS von unserer Studentin. Die ist gerade auf dem Imma-Amt und hat sich in Literaturwissenschaften eingeschrieben, nachdem sie sich aus Finanzmathematik exmatrikuliert hat.

LIED

Komm Herr segne uns (EG 170)

SEGEN

Liturg und zwei Sprecher

Sprecher 1
Am Ende eines Gottesdienstes fangt an.

Sprecher 2
Fangt an aufzustehen gegen den Gedanken: Ich habe nur mich.

Sprecher 1
Fangt an aufzustehen gegen das Gefühl: Ich muss mir alles selbst erarbeiten.

Sprecher 2
Fangt an aufzustehen gegen die Trägheit des Herzens.

Liturg
Steht auf zum Segen.

Liturg
Der Herr segne Deine Ziele.

Sprecher 1
Die Ziele dieser Wochen.

Sprecher 2
Das Ziel Deines Lebens.

Sprecher 1
Er ist Dein Ziel.

Sprecher 2
Bei ihm triffst Du ins Schwarze.

Liturg
Der Herr segne Deinen Weg.

Sprecher 1
Er richte Dich neu aus.

Sprecher 2
Dein Ziel verlierst Du nicht aus den Augen.

Sprecher 1
Er trägt Dich durch die Lüfte wie einen Pfeil.

Sprecher 2
Kein Gegenwind kann Dir etwas anhaben.

Liturg
Der Herr segne Deinen Anfang.

Sprecher 1
Er spannt für Dich seinen Bogen.

Sprecher 2
Die Kraft seiner Liebe spürst Du im Rücken.

Sprecher 1
Du ziehst ab, dass die Welt nur so staunt.

Liturg
So segne und behüte,

Sprecher 1
so empfange und trage dich

Sprecher 2
und so lasse Dich fliegen,

Liturg
der dreieinige Gott: der Vater, der Sohn und der Heilige Geist. Amen.

MUSIK

3. Die Zehn Gebote

Bibeltext: Ex 20,2–17

Hintergrund

Entstehungsgeschichte

Fast nebenbei kam Christian Holtorf vom Deutschen Hygienemuseum Dresden auf neue Projekte zu sprechen. Der Satz „Wir überlegen eine Ausstellung zu den 10 Geboten" war der Anfang einer Kooperation zwischen dem Museum, dem ‚Theater der Jungen Generation' und der ESG. Zwei Jahre später, im Juni 2004, wurde die Ausstellung „DIE ZEHN GEBOTE" in der Dresdner ‚Nacht der Kirchen' mit einem interaktiven Rahmenprogramm der ESG in den Ausstellungsräumen eröffnet. 22.30 Uhr fand ein Gottesdienstspektakel im Foyer des Museums statt.

Dramaturgische Struktur

„Die 10 Gebote haben mit dieser Ausstellung so viel Öffentlichkeit wie Fernsehstars." „Aber sie gehören nicht ins Museum". Das war die vorgegebene Spannung. Unsere Reaktion: „Also müssen sie lebendig werden". Der erste Teil des Gottesdienstes lebt von dem Wechsel von Lebendigkeit zu Erstarrung und wieder zu Lebendigkeit. Er nimmt die euphorische Öffentlichkeit bei der Eröffnung einer Ausstellung auf und begrüßt die Gebote als lebendige Darsteller. Wie alle Stars, die zu Ikonen werden, erstarren auch die Gebote zu leblosen Skulpturen. Die Dialogpredigt hat die Aufgabe, die inhaltlich oft als starre Setzung verstandenen kurzen Gebotstexte gedanklich wieder mit Leben zu erfüllen.

Im 2. Teil wird die Spannung zwischen der Notwendigkeit unseres Zutuns für die Lebendigkeit der Gebote und der ihnen innewohnenden Lebenskraft für uns umgesetzt.

Ein 3. Teil initiiert den weiteren Dialog mit den Geboten über den Gottesdienst hinaus.

Das Besondere an diesem Gottesdienst im Blick auf die dramaturgische Liturgik liegt in der Gesamtbewegung des Gottesdienstes (euphorischer Beginn, Innehalten durch Erstarrung, Anstoß zum Nachdenken, aktive Gebetshaltung, andauernder Dialog). Außerdem wird biblische Traditionsgeschichte als pantomimische Aktion umgesetzt.

Der Gottesdienst beginnt mit einer *pantomimischen Aktion*. Durch Begrüßung mit Sprecher, Laolawelle und Musik wird Stadionstimmung erzeugt, die *die zehn lebendigen Gebote* wie Fußballstars empfängt. Sie stellen sich auf bereitstehende Podeste. Der schroffe Gegensatz dazu ist die Erstarrung der Gebote zu Lehrsätzen und deren Bemächtigung im Laufe ihrer Geschichte. Dazu wird ein Text gesprochen und die einzelnen Gebote bewegen sich nacheinander wie zerfallende Denkmäler und verschwinden. Die *Dialogpredigt* legt die Gebote im einzelnen für unsere Zeit aus.

In den *Fürbitten* wird für die einzelnen Gebote gebetet. Damit werden sie als lebendiger Teil unseres Lebens ernst genommen. Sie betreten symbolisch wieder den Raum. Die Besucher nehmen aktiv teil, indem sie eigene Gebete schriftlich formulieren und den jeweiligen Gebotssockeln zuordnen. Der *Segen* ist als Zuspruch der lebendigen Gebote formuliert. So mündet der Gottesdienst in einen Dialog zwischen ihnen und der Gemeinde.

Am Ende werden allen *als Gebotstafeln gestaltete Streichholzschachteln* mitgegeben. In ihnen finden sich nicht nur 10 Streichhölzer, die entzündet werden wollen, sondern auch ein umgeschriebener Gebotstext in Briefform. Dieser beansprucht die Fortsetzung des Dialoges über den Gottesdienst hinaus.

Vorbereitung

Es werden benötigt:

- 2 Liturgen, vor allem für die Predigt und den Segen
- 10 Pantomimen (schwarze Kleidung, weißes Gesicht und auf der Brust die Ziffern 1 bis 10 tragend), die deutlich als Gebote erkennbar sind.
- 2 Helfer (Ordner), die ein Gebot davon tragen.
- Die Erarbeitung einer Pantomime, bei der die Reihenfolge und die Bewegung eingeübt sind, die die Gebote beim Abgang vollziehen.
- Ein Sprecher
- Die Musik für den Einzug der Gebote (Queen: We are the Champions)
- 10 Podeste, eventuell Hocker mit Tüchern überdeckt, mit den Nummern von 1–10 beschriftet, auf die sich die Gebote stellen können und die danach als Ort für Kerzen und Gebetszettel dienen.
- 10 Personen, die die Fürbitten lesen
- 10 Kerzen mit Untersetzern
- Zettel und Stifte und Nadeln für die Gebetszettel
- Eine Taschenlampe für das 6. Gebot
- Streichholzschachteln, Zeit und Geduld zum Basteln der „Gebotsschachteln". Es werden mindestens so viele Streichholzschachteln wie Besucher erwartet werden, gekauft. Die Streichhölzer werden bis auf 10 (Symbol für die Anzahl

der Gebote) entnommen. Innen wird ein umgeschriebener Text in Briefform eingelegt, der wie ein Leporello herausfallen kann. Außen auf der Schachtel sind auf der Oberseite die stilisierten Gebotstafeln und auf der Unterseite Kontaktadressen aufgeklebt.

Ablauf des Gottesdienstes

„Der Wechsel von Lebendigkeit und Erstarrung"

VOR BEGINN
> *Einüben der Laola-Welle*

> *Sprecher*
> Ein herzliches Willkommen meine Damen und Herren. Sie sind hier richtig, denn wir erwarten in wenigen Minuten die Stars des heutigen Abends. Wir wollen sie gebührend mit einer Welle der Begeisterung empfangen. Dazu üben wir kurz eine Laola-Welle. Sie, auf der linken Seite, beginnen. Arme bitte hoch. Der rechte Nachbar nimmt die Bewegung auf. Und noch einmal … Und jetzt noch etwas euphorischer …

MUSIK AUS KONSERVE
> Queen: We are the Champions
> *Die Musik wird leiser, wenn der Sprecher begrüßt.*

BEGRÜSSUNG UND EINLAUF DER ZEHN GEBOTE

> *Sprecher*
> Meine Damen und Herren, wunderbare Stimmung an diesem Abend. Wir erwarten mit Spannung die Stars des heutigen Abends. Wir wollen sie gebührend empfangen.
> *Laola-Welle einüben, zwei bis drei Durchläufe.*

> Und da sind sie auch schon. Begrüßen Sie mit mir die Nummer 10:
> Du sollst nicht begehren Deines Nächsten Haus. Du sollst nicht begehren Deines Nächsten Weib, Knecht, Magd, Rind, Esel und alles was Dein Nächster hat.
> *Beifall. Die Zuschauer machen Laola-Welle, Das 10. Gebot erscheint, lässt sich feiern und geht nach vorn.*

> Und hier die Nummer 9: Du sollst nicht falsch Zeugnis reden wider Deinen Nächsten.
> *Beifall. Das 9. Gebot erscheint, lässt sich feiern und geht nach vorn.*

Da ist schon die Nummer 8: Du sollst nicht stehlen.
Beifall. Das 8. Gebot erscheint, lässt sich feiern und geht nach vorn.

Die Nummer 7: Du sollst nicht ehebrechen.
Beifall. Das 7. Gebot erscheint, lässt sich feiern und geht nach vorn.

Die Nummer 6: Du sollst nicht töten.
Beifall. Das 6. Gebot erscheint, lässt sich feiern und geht nach vorn.

Die Nummer 5: Du sollst Deinen Vater und Deine Mutter ehren, auf dass Du lange lebest in dem Lande, das Dir der Herr, Dein Gott, geben wird.
Beifall. Das 5. Gebot erscheint, lässt sich feiern und geht nach vorn.

Nummer 4: Gedenke des Sabbattages, dass Du ihn heiligst. Sechs Tage sollst Du arbeiten und Deine Werke tun. Aber am siebenten Tage ist der Sabbat des Herrn, Deines Gottes.
Beifall. Das 4. Gebot erscheint, lässt sich feiern und geht nach vorn.

Nummer 3: Du sollst den Namen des Herrn, Deines Gottes, nicht missbrauchen; denn der Herr wird den nicht ungestraft lassen, der seinen Namen missbraucht.
Beifall. Das 3. Gebot erscheint, lässt sich feiern und geht nach vorn.

Nummer 2: Du sollst Dir kein Bildnis noch irgendein Gleichnis machen. Bete sie nicht an und diene ihnen nicht.
Beifall. Das 2. Gebot erscheint, lässt sich feiern und geht nach vorn.

Und hier die Nummer 1: Ich bin der Herr, Dein Gott, der ich Dich aus Ägyptenland, aus der Knechtschaft geführt habe. Du sollst keine anderen Götter haben neben mir.
Beifall, Das 1. Gebot erscheint, lässt sich feiern und geht nach vorn. Der Sprecher animiert noch einmal die Zuschauer zur Laolawelle.

Wenn alle 10 Gebote vorn stehen, gehen sie auf die Podeste. Dann endet die Musik abrupt. Die Gebote erstarren, frieren in ihrer Siegerpose ein.

Stille

ZUR GESCHICHTE DER 10 GEBOTE
Während der Liturg, bzw. ein anderer Sprecher den Text liest, bewegen sich die jeweiligen Gebote und treten ab. Wichtig ist dabei, dass der Zuschauer Zeit hat, die Gebote, die sich nacheinander bewegen, zu entdecken und deren Zerfall nachzuvollziehen. Nicht zu schnell also.

Sprecher
Wenn wir die Gebote betrachten, blicken wir auf 2500 Jahre Geschichte zurück. Ihren Siegeszug durch die Welt traten sie vor allem mit der Ausbreitung des Christentums an.

Sie waren über Jahrhunderte Gesetz. Eines allerdings wurde schon bald aus ihrer Mitte entfernt (2 Bilderverbot).
Zwei Ordner gehen zu 2, legen die Figur um und tragen sie weg.

Die Übertretung anderer Gebote wurde aus – vor allem Männer – überzeugenden Gründen gesetzlich sanktioniert (7 Ehebruch).

Andere waren ihrem Verständnis und ihrer Verbindlichkeit nach vielen Verbiegungen ausgesetzt (9 falsch Zeugnis).

Sie wurden pädagogisch missbraucht (5 Vater und Mutter).

oder verinnerlicht und damit unsichtbar gemacht (10 Begehren).

Zwei von ihnen, darunter das Leitbild aller, werden heute religiösen Minderheiten im Zuge der allgemeinen Religionsfreiheit zugestanden, während die Mehrheit nichts mehr damit anfangen kann und ihre Befolgung sogar belächelt (3 und 1 Namensmissbrauch und Fremdgötterverbot).

Andere werden immer wieder angefragt, haben sich aber als Gesetz bisher in einigen Bundsländern hartnäckig gehalten (4 und 8 Sabbatgebot und Stehlen).
Trotzdem ist ihre Übertretung längst zum Volkssport geworden.

Eins konnte sich wohl bei all diesen Wirrnissen von der Nummer 6 in der Akzeptanz bis zur Nummer 1 hocharbeiten. Genauer hinsehen müssen Sie aber auch hier nicht (6 Tötungsverbot).
Das Licht im Raum geht aus. Das Gebot hat aber eine Taschenlampe an, strahlt sich selbst blinkend an und lässt sich als letzter Überlebender feiern.

MUSIK

„Dialog über die lebendige Aktualität der Gebote"

DIALOGPREDIGT
Die Dialogpredigt haben Manja Pietzcker und Susanne Platzhoff gehalten. Dafür haben die beiden Studentinnen 2004 den Predigtpreis vom Verlag für die Deutsche Wirtschaft in Bonn erhalten.
Der Text kann unter www.predigtpreis.de nachgelesen werden.

MUSIK ODER LIED

„Dialog mit den Geboten"

Wir haben das Gebet von 10 weiteren Personen sprechen lassen, die dann eine Kerze zu den Sockeln getragen haben. Es ist auch denkbar, dass die Gebote mit einer brennenden Kerze einziehen und diese an den Sockel stellen. Die Sprecher können auch die beiden Liturgen sein. Die Sprecher warten, bis die vorherige Kerze an ihrem Platz ist.

Liturg 1
Wir wollen jetzt für die Gebote beten. Dazu stimmen wir in das Kyrie ein. Der Grundton wird auch beim Sprechen weitergesummt (EG 178.9).

Wir bitten Dich, Gott, dass die Gebote wieder in unsere Mitte kommen. Sie sind für unser Miteinander wichtig.

Liturg 2
Wir bitten Dich für das 10. Gebot: Es schützt uns vor Neid und Unzufriedenheit. Wir können einander gönnen, was wir haben. Wir bitten Dich, dass wir unser Glück nicht von dem abhängig machen, was andere besitzen. Wir rufen zu Dir: Kyrie …

Liturg 1
Wir bitten Dich für das 9. Gebot: Es gibt uns das Vertrauen in die Worte unserer Mitmenschen. Ohne Vertrauen können wir nicht gemeinsam leben, arbeiten, lieben und träumen. Schenke uns die Kraft, bei der Wahrheit zu bleiben. Wir rufen zu Dir: Kyrie …

Liturg 2
Wir bitten für das 8. Gebot: Es tritt für Gerechtigkeit unter uns ein. Manchmal merken wir gar nicht, wo wir anderen etwas wegnehmen. Unsere Kleidung oder Kaffee sind nur deshalb so billig, weil andere Menschen sie unter menschenunwürdigen Bedingungen herstellen. Lass uns wach werden für die versteckte Ungerechtigkeit. Wir rufen zu Dir: Kyrie …

Liturg 1
Wir bitten Dich für das 7. Gebot: Es macht uns aufmerksam auf das Geheimnis und die Verletzlichkeit unserer Beziehungen. Wir brauchen Phantasie, sie lebendig zu gestalten. Schenke uns wache Sinne gegenüber unseren Partnern. Wir rufen zu Dir: Kyrie …

Liturg 2
Wir bitten Dich für das 6. Gebot, weil es unser Leben schützt. Täglich wird es missachtet. Täglich sterben Menschen im Krieg, bei Selbstmordattentaten, durch Gewalt. Sei bei den Opfern und ihren Familien. Lass die Täter andere Wege der Konfliktlösung erkennen. Wir rufen zu Dir: Kyrie …

Liturg 1

Wir bitten Dich für das 5. Gebot: Es schenkt uns einen freien Blick auf unsere Eltern. Gib uns die Kraft, Ihnen mit Geduld zu begegnen. Befreie uns vom Zwang, für oder gegen sie zu leben. Zeige uns unseren eigenen Lebensweg in dankbarer Distanz. Wir rufen zu Dir: Kyrie …

Liturg 2

Wir bitten Dich für das 4. Gebot: Viele Menschen müssen auch am Sonntag im Dienst sein. Als Ärzte, Pflegepersonal und in Dienstleistungsberufen. Gib, dass auch sie Zeiten haben, um aufzuatmen und Beziehungen zu pflegen. Aber auch in anderen Bereichen nimmt der Druck, pausenlos zu arbeiten, immer mehr zu. Gib, dass politische Entscheidungen nicht den gemeinsamen freien Sonntag abschaffen. Wir rufen zu Dir: Kyrie …

Liturg 1

Wir bitten Dich für das 3. Gebot, denn es schützt uns vor Etikettenschwindel. Nicht überall, wo jemand im Namen Gottes redet, ist dies auch wirklich Gottes Wille. Schenke uns die Weisheit, die wahren Beweggründe zu durchschauen, Missbrauch zu erkennen und für die eigenen Reden die Achtsamkeit im Umgang mit dem Namen Gottes. Wir rufen zu Dir: Kyrie …

Liturg 2

Wir bitten für das 2. Gebot: Oft sind wir in unseren Meinungen und Vorurteilen über einen Mitmenschen gefangen. Wir denken, ihn genügend zu kennen, um ihn einschätzen zu können. Dabei kennen wir nicht einmal uns selbst. Unsere eigenen Fähigkeiten betrachten wir oft sehr abgeschlossen. Wenn wir an Dich, Gott, denken, helfen uns manche Bilder. Andere engen Dich ein. Lass uns offen bleiben für das Neue und Andere in Dir, Gott, in unseren Mitmenschen und in uns selbst. Wir rufen zu Dir: Kyrie …

Liturg 1

Wir bitten Dich für das 1. Gebot: Oft vergessen wir, dass Du uns frei machen willst, Gott. Wir sind gefangen in unseren Traditionen, unserer Bequemlichkeit und unserer Angst. Schenke uns immer wieder Befreiung. Niemand außer Dir hat ein Anrecht auf uns und unser Leben. Wir rufen zu Dir: Kyrie …

AKTIONSGEBET

Liturg 2

Sie sind jetzt eingeladen, Ihre Gebete, Ihre Anfragen, Klagen oder auch Ihren Dank zu formulieren. Dazu gibt es hier vorn Zettel und Stifte. Das beschriebene Blatt bitte ich Sie an den Sockel zu heften, zu dem es passt.

Der Chor kann dazu „Laudate omnes gentes", „Ubi caritas" und „Nada te turbe" singen – je nach dem, wie lange die Aktion anhält.

MUSIK
Der Gesang geht in ein Musikstück über, das diesen Teil abschließt.

SEGEN

Liturg 1
Haltet die Gebote lebendig. Sperrt sie deshalb nicht ein:

Liturg 2
Sperrt sie nicht ein in die Kirche.

Liturg 1
Sperrt sie aber nicht ein in Eure Herzen.

Liturg 2
Sperrt sie nicht ein ins Museum. Steht auf zum Segen.

Die Gebote kommen nach vorn und stehen neben den Liturgen. Die Liturgen erheben die Hände zum Segen.

10. Gebot
Du bist frei, weil Du nicht alles haben musst, was Dir bei anderen gefällt.

9. Gebot
Du bist frei, mit Deinen Worten für andere einzutreten und nicht gegen sie.

8. Gebot
Du bist frei davon, anderen das zu nehmen, was ihnen gehört.

7. Gebot
Du bist frei dazu, die Vertrautheit mit einem Menschen zu schützen, für Dich und andere.

6. Gebot
Du bist frei dazu, Konflikte ohne Gewalt auszutragen, Frieden zu stiften und Krieg abzulehnen.

5. Gebot
Du bis frei, Deinen Eltern mit Dankbarkeit zu begegnen ohne Dich selbst zu verlieren.

4. Gebot
Du bist frei dazu, innezuhalten und Dir Zeit schenken zu lassen.

3. Gebot
Du hast die Freiheit, Gott so ernst zu nehmen, dass Du mit ihm redest.

2. Gebot
Du bist so frei, dass Du Dir kein fertiges Bild machen musst. Von Gott nicht, von anderen nicht, von Dir nicht.

1. Gebot
Du hast die Freiheit, Dich auf den einzulassen, der Dir diese Freiheit schenkt.

Liturg 1
Geh Deinen Weg in die Freiheit mit seiner Kraft,

Liturg 2
mit seiner Fürsorge

Liturg 1
und mit seinem Frieden.

Beide Liturgen schlagen das Kreuz.

Liturg 1 und 2
Amen.

VERABSCHIEDUNG

Sprecher
Der Gottesdienst heute ist zu Ende. Das Leben, die Auseinandersetzung und der Dialog über und mit den 10 Geboten geht weiter. Lassen Sie sich dazu an den Podesten zwei Gebotstafeln geben, nicht größer als eine Streichholzschachtel.

VORLAGE FÜR LEPORELLOTEXT:

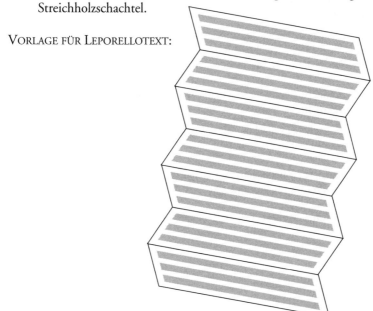

43

Hallo!

Ich schreibe Dir heute, weil Du mir wichtig bist.

1. Ich wünsche mir, dass Du Dich mit Deinem ganzen Leben auf mich einlässt.

2. Mache Dir kein fertiges Bild. Weder von mir, noch von Deinen Mitmenschen, und auch nicht von Dir selbst. Denn jede Begegnung verändert.

3. Du darfst so mit mir reden, wie Dir zumute ist. Aber spiele nicht mit mir. Dein Reden und Handeln ist meist nicht mein Reden und Handeln.

4. Halte inne! Suche Du Begegnung mit mir und mit Deinen Mitmenschen.

Zur Erinnerung schenke ich Dir jede Woche einen Tag besondere Zeit.

5. Deine Eltern begleiten Dich vom ersten Atemzug an. Habe Geduld mit ihnen, solange sie noch leben. Wage den Aufbruch in Dein eigenes Leben in Dankbarkeit.

6. Dein ganzes Leben lang wirst Du mit Konflikten leben. Versuche, sie ohne Gewalt und unlautere Mittel zu überwinden. Sage es weiter, dass Kriege nur den Tod bringen, sonst nichts.

7. Tiefe Vertrautheit mit einem Menschen ist geheimnisvoll und kostbar. Wenn Dir ein passenderer Mensch begegnet, überlege lange, ob es wirklich stimmt. Sprich mit wenigen darüber, aber sprich beizeiten.

8. Nimm nicht für Dich, was Dir nicht gehört. Du schadest damit dem Vertrauen der Menschen untereinander.

9. Rede nicht schlecht über Deine Mitmenschen. Du wirst ihnen damit nicht gerecht.

Worte können schwer schaden, aber Worte können auch schützen. Jeder braucht Zuspruch.

10. Sieh mit besonderer Zurückhaltung auf alles, was Dir am Leben Deiner Freunde begehrenswert erscheint.

Wer mit anderen tauschen möchte, muss ganz zu tauschen bereit sein.

Wer ich bin?

Ich bin der Herr, Dein Gott!

4. Sprachspiele

Bibeltext:
Der Turmbau zu Babel (Gen 11,1–9)

Hintergrund

Entstehungsgeschichte

Am Anfang des Sommersemesters 2004 in Dresden gab es, wie am Ende beim „Turmbau zu Babel", Kommunikationsprobleme. Der V-Kreis, in dem es immer viel zu lachen gab, spürte in seinem letzten Gottesdienst in dieser, oft ernst gedeuteten Perikope die heitere Seite auf und wurde spielerisch selbst ein Teil des Problems. Inhaltlich hat Nimrod, der in der Auslegungsgeschichte als Erbauer des Turmes zu Babel galt, eine wichtige Brückenfunktion. Er ist auf Grund von Gen 10,9f ein Opfer der Auslegungsgeschichte. Im Blick auf die Verantwortlichkeit für den Turmbau hielt man ihn für den „Haupttäter". Gleichzeitig wird durch Nimrod deutlich, wie sehr die Frage nach dem einen Täter die Thematik der Perikope verkürzt.

Dramaturgische Struktur

Das Besondere im Blick auf die dramaturgische Liturgik liegt im Aufnehmen und in der Umsetzung von drei Spannungsfeldern: der Bibeltext und die heutige Situation der Hörer werden thematisch miteinander verknüpft; das Reden-über geht in ein Reden-in über und wir nähern uns einem ernsten Thema spielerisch.

Methodische Umsetzung

In einem *1. Anspiel* werden in Form von Nachrichten aktuelle Themen der Gottesdienstbesucher und des Bibeltextes verknüpft. Im *2. Anspiel* in Form einer Talkrunde wird das Gespräch unversehens zur Aufführung der eigenen Verstricktheit in den Bibeltext. Die Bereitschaft der Hörer, sich darauf einzulassen, erhöht sich, weil dies mit spielerischer Leichtigkeit geschieht. Die *Predigt* versucht diese Leichtigkeit beizubehalten und gleichzeitig die Ernsthaftigkeit aufzunehmen, indem die Perspektiven bei der „Tätersuche" wechseln. Im *entfalteten Segen* wird den Gottesdienstbesuchern Sprache zugesprochen.

Vorbereitung

Für die Nachrichten kann ein stilisierter Fernsehbildschirm aus Pappe gebaut werden. Die Nachrichten müssen durch entsprechende aus dem eigenen Umfeld ersetzt werden. Die Teile, die Bezug auf die Perikope nehmen, können vollständig übernommen werden.

Die Talkrunde sollte vorher kurz geprobt werden. Wichtig ist, dass der Sinn der Sätze am Ende in unverständliches Reden zerfließt.

Der Segen kann am besten von zwei Personen gesprochen werden.

Ablauf des Gottesdienstes

EINGANGSMUSIK

BEGRÜSSUNG

LIED

KYRIE UND GLORIA

ANSPIEL 1 NACHRICHTEN
Ein Sprecher sitzt hinter einem angedeuteten Fernsehbildschirm.

Guten Abend meine Damen und Herren, die Nachrichten:

– Rekordeinschreibungen zum Sommersemester: Auch mit Beginn des diesjährigen Sommersemesters hält der Aufwärtstrend bei den Zahlen der Studienanfänger an. Allein in Dresden begann für 1498 junge Menschen ein neuer Lebensabschnitt. Das sind etwa 150 mehr als im Wintersemester und etwa 500 mehr als im letzten Sommersemester.

– Noch mal Dresden: Die Campus-Autobahn soll auf acht Spuren ausgebaut werden. Damit wird der ständig steigenden Studentenzahl Rechnung getragen. Die dafür benötigten Finanzmittel sollen aus Spendengeldern gewonnen werden. Dafür ist unter anderem ein Benefizkonzert der Gruppe „De Randfichten" im August geplant.

– Wir kommen zur Schinar-Ebene: Das derzeit größte Bauprojekt der Welt, der Turmbau in Babel hält die Menschheit weiter in Atem. Insgesamt sind 1352 Firmen aus aller Welt mit Bau- und Zulieferarbeiten beschäftigt. Heute wurde nun der ein-milliardste Stein verbaut, was mit einem großen Fest gefeiert wurde.

- Und noch einige Nachrichten aus Sport und Prominenz: Der FC Erzgebirge Aue gewann sein letztes Spiel gegen Wackerscharth mit 3:0. Er steht damit auf dem achten Tabellenplatz und hat den Klassenerhalt so gut wie gesichert.

- Wie in jedem Frühjahr hat die Jagdsaison des Hochadels begonnen. Lange ist ja gerätselt worden, ob auch König Nimrod teilnehmen kann. Nimrod, ein begnadeter Jäger vor dem Herrn, wie es im 1. Buch Mose heißt, ist ja Herrscher über Babel, Erech, Akkad und Kalne im Lande Schinar. Heute hat nun die Jagd begonnen und Nimrod hat wirklich die Zeit gefunden, daran teilzunehmen.

- Zum Abschluss noch ein Hinweis auf das folgende Programm: Im Anschluss an diese Nachrichtensendung singen Sie das Lied „Alle Knospen springen auf". Guten Abend!

LIED

Alle Knospen springen auf (Durch Hohes und Tiefes 10)

LESUNG

Gen 11,1–9 (Der Turmbau zu Babel)

LIED

Unsern Schöpfer preisen wir (siehe Anhang)

ANSPIEL 2

Talk im Turm

Die Namen der Expertenrunde entsprechen denen der Sprecher. Wenn die Namen des Anspiels durch die Namen der aktuell Lesenden ersetzt werden sollen, hat das seinen Reiz, verlangt aber auch, dass die Namensverwirrung am Ende des Text umgeschrieben wird.

Moderator

Guten Abend meine Damen und Herren, ich begrüße sie recht herzlich zu unserer Sendung: „TALK IM TURM"! Wir haben heute unser Programm aus aktuellem Anlass etwas geändert. Sie haben es gerade gehört: Der Turmbau wurde gestoppt! Dies ist ein großes Unglück, denn schließlich sollte der Turm bis in den Himmel reichen und wir sind zur Zeit erst bei 50m! Deswegen wird es heute in unserer Sendung um die Frage gehen: „Warum gibt es diesen Baustopp? Wer ist schuld daran?" Zu Gast habe ich hier im Studio die Expertinnen und Experten Frau X, Herrn Y und Herrn Z.

Die Vorgestellten nicken jeweils ins Publikum.

Frau X, Was ist passiert? Können Sie uns Ihre Meinung zu diesem Thema sagen?

Frau X

Meiner Meinung nach sind die Menschen selbst schuld daran, dass der Bau gestoppt wurde. In einem Schriftstück, das heute Nachmittag gefunden wurde, heißt es ganz eindeutig: „Lasst uns einen Turm bauen, um uns einen Namen zu machen! … einen Turm, der bis an den Himmel reicht." Das war einfach eine Nummer zu groß, das war nicht machbar!

Moderator

Herr Y, sehen Sie das auch so?

Herr Y

Der Mensch ist das intelligenteste Lebewesen auf diesem Planeten. Er kann, wenn er mit anderen Menschen kooperiert, alles erreichen. Wenn die Menschheit sich einig ist und gemeinsam beschließt, diesen Turm zu bauen, dann schafft sie das auch. Aus diesem Gründen muss der Baustopp von äußeren Einflüssen hervorgerufen worden sein. Eine höhere Macht oder ein höheres Wesen, welches noch über der Menschheit steht.

Moderator

Herr Z, Frau X und Herr Y vertreten sehr unterschiedliche Meinungen über die Ursache der Katastrophe. Welcher Meinung sind sie?

Herr Z

Meine Damen und Herren! Von was reden Sie hier bitte, bedenken Sie wir sind hier nicht beim literarischen Quartett. Sie reden hier von höheren Wesen und Sie von Schriftstücken. Wir am IfaBuTB Institut für angewandte Bauaufsicht und Turm Begutachtung können die Schuld klar und deutlich Herrn Nimrod zuweisen, dafür sprechen Zahlen und Fakten.

Moderator

Frau X, was sagen Sie zu den Meinungen von Herrn Y und Herrn Z?

Frau X

Ich finde es schwach, es auf den Nimrod zu reduzieren. Schließlich war es die Entscheidung aller, den Turm zu bauen. Auch den Einfluss äußerer Gewalt finde ich zu blauäugig. Die Menschen wollten ein Projekt machen, mit dem sie einfach überfordert waren.

Herr Y

Ich spreche doch nicht von äußeren Einflüssen wie Naturkatastrophen, Fluten, Schneestürmen oder Erdbeben. Ich rede von einem höheren intelligenten Wesen, welches über der Menschheit steht, diese vielleicht sogar erschaffen hat. Also ich rede von GOTT, von dem ja auch in Ihrem Schriftstück, Frau Z … aeh Frau X, zu lesen ist. Wenn Sie es richtig studiert hätten, wüssten Sie das. Aber wahrscheinlich haben Sie das gar nicht verstanden.

Herr Z
Vielleicht darf ich kurz noch einmal ein paar Zahlen und Fakten anbringen:
2 Mio. € Fördermittel verliefen im Sand, bevor überhaupt ein Stein auf den
anderen gesetzt wurde. Und wo diese hinliefen, das wissen sie alle! Ich
könnte Ihnen Dutzende weiterer Fakten nennen, die alle darauf hinaus-
laufen, dass dieser Verbrecher Nimrod eine Misswirtschaft an dem Bau be-
trieben hat, die ihresgleichen sucht. Dieser Idiot ist doch nur zum Rehe
Schießen gut!

Moderator
Herr Y, sehen Sie das auch so, dass man Steine nicht so hoch schleppen
kann, wie das Herr Z gerade sagte?

Herr Y
Wieso soll ich denn nun auf einmal schuld sein, ich hab in meinem ganzen
Leben keine Steine geschleppt!

Frau X
Das ist es ja gerade, Herr Koch! Erst wollen alle einen Turm haben und
dann ist´s wieder keiner gewesen.

Herr Y
Jetzt behaupten Sie nicht auch noch, dass die Köche schuld sind, frei nach
dem Stichwort, „viele Köche verderben den Turm".

Herr Z
Aber Herr Suppenkasper, das war doch kein Stichwort, das war doch schon
ein Gedicht mit 4hebigen Jamben und Kreuzvers-Struktur.

Frau X
… steht auf …
Das ist mir jetzt zu intellektuell. …
geht

Herr Y
So langsam glaube ich, dass Sie, Herr König, an allem schuld sind.

Moderator
Wie warm ist es eigentlich?

Herr Y
guckt in den Ausweis …
Oh, schon 12 Volt. Dann muss ich auch mal …
Herr Y und Herr Z gehen ab

Moderator
Ja, liebe Kinder, das war unsere Sendung „Talkender Sturm". Lassen Sie
sich das Essen gut schmecken, ich geh jetzt baden …

Seenot (siehe Anhang)

PREDIGT

Was wartet auf Dich am Anfang dieses ersten, zweiten … Semesters? Was erwartest Du?

Eine Komödie, einen Tatsachenbericht, eine Talkshow (über ein Thema, egal welches, die Hauptsache weit weg)? Erwartest Du eine Bildungsveranstaltung (Prädikat: pädagogisch wertvoll); einen Liebesfilm (ab 18); Aktion-, Gruselfilm, einen Krimi? Einige Vormittagsvorlesungsleichen werden wohl wieder täglich an den Mittagskreistisch der ESG gespült werden. (Die Dunkelziffer in den Mensen soll weit höher sein.) Wenn es auch ein Krimi ist, dieses Semester, wer ist dann der Täter? Wer ist dann das Opfer?

In guten Krimis ist das zu oberflächlich gefragt. Und ich hoffe doch, dass das neue Semester, wenn schon ein Krimi, dann wenigstens ein guter Krimi ist – mit Realitätsbezug und Unterhaltungswert und natürlich, dass wir dem Leben selber auf die Spur kommen. So ein Stück vom Lebenskrimi will auch die Geschichte vom Turmbau zu Babel sein. Wer das Leben aufdecken will, muss behutsam vorgehen. Auch mit der Bibel. Er darf keine Spuren verwischen. Er darf nicht Opfer seiner eigenen Phantasien und voreiliger Schlüsse werden, sonst werden die Falschen verdächtigt.

1.) Ein tragisches Beispiel dafür in der Turmbaukatastrophe ist Nimrod. Was, nie gehört? Vorhin mal kurz in den Nachrichten? Aber das reicht doch! Reich, Babel, König, Jäger … 4 Stichworte in 4 Versen in Kapitel 10 vom 1. Buch Mose (also ganz in der Nähe vom Tatort) reichen aus, um ihn auf allen Gemälden Hunderte von Jahren als den Bauherren von Babel und damit als den Schuldigen darzustellen. Schaut Euch die Gemälde von Pieter Breughel oder Lukas van Valckenborch daraufhin mal an.
In guten Krimis – und die Bibel ist auch das! –, geht es nie nur um Täter und Opfer. Es geht um Motive, Beziehungsgeflechte, Lebensdeutungen … Man ist angestachelt mitzudenken und mitzufühlen und (das ist die Kunst) lässt sich überführen, als einer, der verstrickt ist in die scheinbar so fremde Geschichte.

Also, lieber Experte *(Prediger nimmt Bezug auf die Talkrunde)*, um Nimrod geht's hier nicht, obwohl so viele Großaufnahmen aus der Kunstgeschichte als Beweismaterial vorliegen.

2.) Worum geht es dann? Vielleicht um die Menschen. Das sagt ja auch Experte zwei der Talkrunde (Prof. V. i.R. ……) Die Geschichte vom Turmbau wird in einer Zeit wichtig, in der Menschen an einer Grenze stehen. Eure Grenze, die Ihr jetzt überschreitet, kennt Ihr. Die ersten Sätze der Geschichte sagen uns, welche Grenze das damals war. Die Israeliten stehen an der Kulturgrenze zum Sesshaftwerden. Bisher haben sie ihre Häuser mit Steinen gebaut, die bald verwittert sind. Sie selbst sind mit ihren Viehherden weiter gezogen, die Häuser fielen ein und sie bauten an anderer Stelle neue. Jetzt beginnen sie, wie ihre Nachbarn, festere Gebäude zu bauen. Die halten länger, sind stabiler und die Menschen spüren die Chance, die in diesem Fortschritt liegt. Das reizt sie und sie haben gleichzeitig Angst. (Immer wenn man eine Grenze überschreitet, ist Angst im Spiel!) Angst vor dem Neuen und die Angst, etwas zu verlieren, was wichtig ist. Die Lebenskunst besteht ja darin, (und da geht es Euch im Studium heute ähnlich), das Alte nicht für wichtig zu halten, nur weil es alt ist, sondern das Alte was vorbei ist, von dem trennen zu lernen, was wichtig bleibt.

Die beweglichen Israeliten können jetzt Städte mit Türmen bauen. Das ist nicht der Fehler. Die Gefahr lauert im Motiv! Die Bibel warnt nicht vor dem Turmbau, sondern vor dem Motiv: Sich einen Namen zu machen. Kennt Ihr das?

700-Seiten-Bücher lesen, wie die Blechtrommel von Günther Grass? Muss nicht sein. Es gibt ja zum Glück Short-Books. Den Inhalt auf sieben Seiten zum Mitreden auf Partys. Es geht gar nicht mehr um den Inhalt des Buches. Oder: Erinnert Ihr Euch an einen unverhofften Besuch oder ein Gespräch, bei dem Ihr plötzlich gemerkt habt: Es geht gar nicht um mich. Ich bin ja gar nicht gemeint. Er wartet meine Antwort gar nicht ab. Er meint nur sich selbst … Das ist der verhängnisvolle Turmbau bis heute: Wir klopfen an die Tür eines anderen und meinen doch nur uns selber. Nach dem Motto: „Für zwei ist in unserer Beziehung gar kein Platz."

„Einen Namen geben" ist ein starker Ausdruck für eine Beziehung. Da schwingen Herrschaft, Zuständigkeit und Orientierung mit (denkt an die Schöpfungsgeschichte, der Mensch gibt den Tieren Namen), aber denkt auch daran, wer Euch Namen gegeben hat und gibt: Eltern, Geschwister, der Liebste, die Freundin … Es sind schöne, witzige, liebevoll kreierte Namen. Da frag ich mich: Wozu braucht ein Mensch dann das Sich-selber-einen-Namen-Machen? Hat er die Hoffnung aufgegeben, vom anderen einen zu bekommen?

Hat er Angst, sich der Beziehung und damit der Arbeit an einer Beziehung auszusetzen? Auf jeden Fall sind es keine paradiesischen Zustände. Und es kommt noch schlimmer: Unsere Geschichte beschreibt die Folgen des „Sich-einen-Namen-Machens": Der Einzelne gerät aus dem Blick. Alle schauen nach oben und unvermutet verliert man genau das, was man anstrebt; das, was der Name ausdrückt: die eigene Unverwechselbarkeit. Es sieht aus wie Freiheit, aber man wird zum Sklaven, zur Nummer in einem riesigen System. Jeder ist nur noch Nebenmensch. Die Uni lässt grüßen.

Was kann man da machen?

Für Israel ist Gott einmalig und es weiß, dass es nur durch diesen einmaligen Gott seine Unverwechselbarkeit hat. „Fürchte Dich nicht, ich habe

Dich bei Deinem Namen gerufen, … (Jes 43,1). Aber dieser Gott ist mehr als eine Funktion. Er ist lebendig. Person. Das heißt auch: Er kommt als Täter für den Baustopp in Babylon in Frage (sagen die Experten im Studio!).

3.) Die dritte Gruppe der Verdächtigen nennen die Experten: Gott. Manche behaupten, er war am Tatort. Was ist das für einer? Welches Motiv könnte er haben? Wut! Das ist ein Tatmotiv! Emotionale Überreaktion. Oder für ihn steht scheinbar viel auf dem Spiel. Recherchen in den Archiven des Urwissens der Menschheit (Gen1–11) ergeben, dass der Mensch von ihm als sein Bild, ihm gegenüber gedacht ist. Na, wenn dann einer nur sich selbst meint, geht er seinem Gegenüber sozusagen verloren! Und wenn das alle sind, wer bleibt übrig? Niemand! Aus diesen Quellen ist auch bekannt, dass dieser Mensch Gott von Anfang wichtig ist. Spielt vielleicht auch Eifersucht als Motiv eine Rolle?

Er suchte ihn, oft am Abend, auf und man konnte ihn manchmal hören, wenn er rief: „Adam, wo bist Du?" Und später „Wie geht's Deinem Bruder?", „Wo ist der?" Wie hört Ihr solche Fragen? Lange hat der Mensch so was als liebevolles Interesse gehört. Fast wie ein Spiel kann das klingen. Leicht, fröhlich und ernst gemeint. Aber irgendwann muss er misstrauisch geworden sein, der Mensch und er fühlte sich ausspioniert und schämte sich. Da war die paradiesische Zeit vorbei. Und er kündigte die Zuständigkeit, auch für Abel. „Soll ich meines Bruders Hüter sein?" Der plötzliche Baustopp könnte also das Ende eines lange währenden Konfliktes sein. Eine Strafe Gottes? In der Boulevardpresse wird sogar von einem Racheakt gesprochen! Ich halte das für reine Spekulation. Ich tippe eher auf Notwehr: Was würdest Du machen, wenn sich alle, die Du kennst, plötzlich vor Deiner Welt aufbauen? Normalerweise respektieren wir ja die Grenzen des anderen, wenn wir uns begegnen. Wenn nicht, gibt's paar auf die Finger: „Hey, das ist meine Butter." „Das ist mein Zimmer." „Das ist meine Zeit." „Das ist mein Körper." Da klar zu sein, ist viel wichtiger als wir oft denken. Die Grenzen des anderen und damit seine Freiheit zu respektieren, sind eine wichtige Voraussetzung für den Dialog. Wenn ich mich im Leben des Anderen so breit mache, dass er nicht mehr vorkommt, ist kein Gespräch mehr möglich. Was macht man aber dann, wenn keine Kommunikation mehr möglich ist?

Wir müssen zurück zu den Anfängen! Wir müssen lernen, uns neu zu begegnen: Wie haben wir das denn gemacht? Wir waren ganz vorsichtig. Wir haben getastet. Wenn der andere seine Grenze gezeigt hat, sind wir zurück gewichen. Und dann: Haben wir eine neue Sprache gelernt. Die Sprache der Verständigung. Genau dort sind wir. Immer wieder. Auch jetzt. Auch miteinander. Was wird das für ein Semester werden? (Einige sind jetzt schon müde!), es muss also auf jeden Fall spannend sein. Ich fordere Euch auf, gemeinsam etwas zu bauen. (Kommendes Wochenende geht's schon los.) Wie es nicht geht, haben wir jetzt gehört. Lasst es uns anders probieren, aber probieren! Dabei wird die Spannung zwischen dem, was verschiedene Menschen wollen und dem, was Gott will, bleiben. Ich finde das für einen Lebenskrimi nicht schlecht. Lasst uns diese Spannung untereinander und mit Gott aushalten.

Bei allem Tun, allen Bauvorhaben scheint es nach der Babelaktion wichtiger denn je zu sein, den anderen nicht aus den Augen zu verlieren. Es gibt viele um Dich herum, die eine fremde Sprache sprechen (Ausländer und Deutsche). Die Turmbaugeschichte behauptet: „Es war mal anders", das heißt doch wohl auch: Es könnte wieder anders sein! Es kann wieder so sein, dass wir das Fremde, auch das, was uns am Glauben oder an Gott weltfremd, lächerlich oder sogar bedrohlich erscheint, als Spur zum Leben entdecken. Das alles ist möglich. Die ESG ist dazu da. Ihr seid dazu da und Gott ist unter uns. Sicher, manchmal, um das Schlimmste zu verhüten. Sein eigentliches Motiv aber ist und bleibt, das Schöne zu ermöglichen. Damit schalten wir zurück ins Studio. Amen.

LIED
Gott ist gegenwärtig (EG 165)

GLAUBENSBEKENNTNIS

ABENDMAHL

LIED

ANSAGEN

LIED
Alles wird gut (siehe Anhang)

SEGEN
am besten für zwei oder drei Sprecher geeignet

Sprecher 1
Du wirst Deine eigene Sprache sprechen,

Sprecher 2
aber die der anderen nicht verlernen.

Sprecher 1
Du wirst Deinen Weg gehen,

Sprecher 2
aber innehalten an den Kreuzungen der Begegnung.

Sprecher 1
Du wirst Dein Ziel nicht aus den Augen verlieren,

Sprecher 2
aber Dir den Blick für die Blumen am Weg gönnen.

Sprecher 1
Du wirst Dich mit anderen messen, wie junge Fohlen auf der Weide,

Sprecher 2
aber nicht zulassen, dass sie Dir als Feinde erscheinen.

Sprecher 1
Du wirst Dir viel zutrauen,

Sprecher 2
aber Gott auch.

Sprecher 1
Du wirst Dein Studium ernstnehmen,

Sprecher 2
aber antreten wie zu einem Spiel.

Sprecher 1
Du wirst Menschen und Dinge begreifen lernen,

Sprecher 2
aber Dich auch berühren lassen.

Sprecher 1
Du wirst Vieles beim Namen nennen,

Sprecher 2
aber Dich selber von Gott rufen lassen.

Liturg
So segne Dich der gnädige und barmherzige Gott. Der Vater und der Sohn und der Heilige Geist. Amen.

SCHLUSSMUSIK

5. Feuer und Kälte

Bibelstelle: Apg 3,14–18a

Hintergrund

Entstehungsgeschichte

Der Gottesdienst entstand, als sich jeder nach Wärme sehnte, im Wintersemester 2008. Doch Kälte gehört zum Winter und hat auch positive Seiten. Wärme und Feuer erleben wir ebenfalls ambivalent. Dieser doppelte Gegensatz war uns für einen spannenden Gottesdienst genug.

Dramatische Struktur

Die Bilder von Kälte und Feuer wachzurufen, Feuer und Kälte ins Metaphorische zu steigern und unseren Glauben mit der Ambivalenz dieser Gegensätze zu konfrontieren, sind die Ebenen, auf denen wir uns bewegen. Das Besondere dieses Gottesdienstes im Blick auf die dramaturgische Liturgik liegt in der spielerischen Verknüpfung von Bildern, Personen und ihren Bewegungen und in der provozierenden Spannung zwischen Bibeltext und Predigtaussage.

Methodische Umsetzung

Das reale Feuer und die reale Kälte werden durch *Bildpräsentation* von Naturaufnahmen veranschaulicht, die durch passende Musik unterlegt werden. Gesteigert wird dieser Gegensatz durch *zwei Figuren*, die mit roten und blauen Tüchern Feuer und Kälte personifizieren. Die metaphorische Interpretation erfolgt durch *Schlagworte*, die beide Personen in den Raum werfen. Bei den *Lesungen* wird deutlich, dass die Mehrzahl der biblischen Aussagen zum Thema um „Feuer" kreisen. Erst die *kurzen persönlichen Berichte und Sätze* werten die Kälte positiv und stellen wieder einen Ausgleich her. Die *Predigt* sieht sich mit dem Wutausspruch aus Apg 3,14–18a konfrontiert und provoziert auf ungewöhnliche Weise Text und Hörer.

Vorbereitung

- 2 Personen stellen Feuer und Kälte als Figuren dar (rote/blaue Tücher).
- Die Bewegung zu den Bildern, der Lesung und den Texten sollte geprobt werden.
- Die Bildpräsentation mit Fotografien muss erstellt werden. Kälte- und Feuerbilder müssen im Wechsel abgebildet sein. Eine passende Musik muss dazu ausgesucht, die Technik dazu bereitgestellt werden.
- Die Feuer- und die Kältefigur lernen ihre Schlagworte am besten auswendig. Spickzettel sind kein Problem.

Ablauf des Gottesdienstes

MUSIK

BEGRÜSSUNG

Herzlich willkommen zum Gottesdienst an diesem lauen …
Nein, das war nicht richtig. –
Herzlich willkommen zu diesem heißen Gottesdienst, den wir eiskalt für Euch vorbereitet haben!

LIED

Wo zwei oder drei (siehe Anhang)

GEBET MIT KYRIE UND GLORIA

Liturg
Lasst uns beten und in das Kyrie eleison (EG 178.9) und dann in das Gloria (Durch Hohes und Tiefes 135) einstimmen.

Herr, unser Gott.
Weihnachten ist längst vorbei. Denken wir. Aber Dein Licht leuchtet und will uns erleuchten. Gib, dass wir erleuchtet werden. Wir rufen zu Dir und singen: Kyrie …

Der Winter ist längst vorbei. So denken wir oder hoffen es. Aber Deine Klarheit, an die uns kalte, klare Wintertage erinnern, brauchen wir. Schenke sie uns. Wir rufen zu Dir und singen: Kyrie …

Das Feuer ist längst erloschen, so empfinden wir, bei vielem, was uns früher heiß gemacht hat. Schenke uns die Begeisterung für Dich und Dein Wort neu. Segne uns diesen Gottesdienst. Wir singen: Kyrie …

Großer, guter Gott, Du schenkst uns so viel! Du machst, dass wir hier sind. Der Himmel ist klar. Das Semester ist bald geschafft. Wir haben Gemeinschaft. Wir warten auf den Schnee, der uns raus lockt, wie auf das Feuer, das nur von Dir kommen kann. Für das alles und noch viel mehr loben wir Dich und singen: Gloria, gloria …

Reales Feuer/Reale Kälte

Präsentation

mit Fotografien, die Kälte und Feuer im Wechsel abbilden. Die Kältefigur und die Feuerfigur betreten den Kirchenraum von hinten. Wird ein Kältebild gezeigt, bewegt sich die Kältefigur einen Schritt nach vorn, bei einem Feuerbild läuft die Feuerfigur einen Schritt nach vorn bis beide Figuren im Altarraum angekommen sind.

Kälte und Feuer als Metapher

Kälte- und Feuerfigur werfen abwechselnd feuer- und kältespezifische Stichworte in den Raum.

Lied

Lesungen
Nach jedem Absatz bewegt sich die Feuerfigur nach vorn in Richtung Gemeinde. Die Kältefigur geht nach hinten.

Und der Engel des Herrn erschien Mose in einer feurigen Flamme aus einem Dornbusch. Und er sah, dass der Busch im Feuer brannte und doch nicht verzehrt wurde. Da sprach er: Ich will hingehen und die wundersame Erscheinung besehen, warum der Busch nicht verbrennt. Als aber der Herr sah, dass er hinging, um zu sehen, rief Gott ihn aus dem Dornbusch (Ex 3,2–4a).

Als nun der Pharao das Volk hatte ziehen lassen, führte sie Gott nicht den Weg durch das Land der Philister, der am nächsten war, … sondern einen Umweg zum Schilfmeer … So zogen sie aus von Sukkot und lagerten sich in Etam am Rande der Wüste. Und der Herr zog vor ihnen her, am Tage in einer Wolkensäule, um sie den rechten Weg zu führen und bei Nacht in einer Feuersäule, um ihnen zu leuchten, damit sie Tag und Nacht wandern konnten (aus Ex 13,17– 21).

Als nun der dritte Tag kam und es Morgen ward, da erhob sich ein Donnern und Blitzen und eine dichte Wolke auf dem Berge und der Ton einer sehr starken Posaune. Das ganze Volk aber, das im Lager war, erschrak. Und Mose führte das Volk aus dem Lager Gott entgegen und es trat unten an den Berg. Der ganze Berg Sinai aber rauchte, weil der Herr auf den Berg herab fuhr im Feuer. (Ex 19,16–18a).

Und Mose und Aaron gingen in die Stiftshütte und als sie wieder herauskamen, segneten sie das Volk. Da erschien die Herrlichkeit des Herrn allem Volk. Und ein Feuer ging aus dem Herrn und verzehrte das Brandopfer und das Fett auf dem Altar. Da alles Volk das sah, frohlockten sie und fielen auf ihr Antlitz. (Lev 9,22–24).

Der Psalm 29 lobt Gott mit den Worten (4,7,11):
Die Stimme des Herrn ergeht mit Macht, die Stimme des Herrn ergeht herrlich.
Die Stimme des Herrn sprüht Feuerflammen. Der Herr wird seinem Volk Kraft geben; der Herr wird sein Volk segnen mit Frieden.

Jesaja beschreibt das künftige Heil seines Volkes (4,2–5):
Zu der Zeit wird, was der Herr sprießen lässt, lieb und wert sein und die Frucht des Landes herrlich und schön bei denen, die erhalten bleiben in Israel. Und wer da wird übrig sein in Zion und übrig bleiben in Jerusalem, der wird heilig heißen, ein jeder, der aufgeschrieben ist zum Leben in Jerusalem. Wenn der Herr den Unflat der Töchter Zions abwaschen wird und die Blutschuld Jerusalems wegnehmen durch den Geist, der richten und ein Feuer anzünden wird, dann wird der Herr über der ganzen Stätte des Berges Zions und über ihren Versammlungen eine Wolke schaffen am Tage und Rauch und Feuerglanz in der Nacht. Ja, es wird ein Schutz sein über allem, was herrlich ist.

Johannes weist auf Jesus hin und ruft: Ich taufe Euch mit Wasser zur Buße; der aber nach mir kommt, ist stärker als ich, und ich bin nicht wert, ihm die Schuhe zu tragen; der wir Euch mit dem Heiligen Geist und mit Feuer taufen. (Mt 3,11)

Jesus Christus spricht: Ich bin gekommen, ein Feuer anzuzünden auf Erden; was wollte ich lieber, als dass es schon brennte! (Lk 12,49)

Paulus schreibt im 1. Korintherbrief (3,11–13):
Einen anderen Grund kann niemand legen als den, der gelegt ist, welcher ist Jesus Christus. Wenn aber jemand auf den Grund baut Gold, Silber, Edelsteine, Holz, Heu, Stroh, so wird das Werk eines jeden offenbar werden. Der Tag des Gerichts wird's klarmachen: denn mit Feuer wird er sich offenbaren. Und von welcher Art eines jeden Werk ist, wird das Feuer erweisen.

In der Offenbarung lesen wir (1,12–18):
Und ich wandte mich um, zu sehen nach der Stimme, die mit mir redete. Und als ich mich umwandte, sah ich sieben goldene Leuchter und mitten

unter den Leuchtern einen, der einem Menschensohn gleich, angetan mit einem langen Gewand und gegürtet um die Brust mit einem goldenen Gürtel. Sein Haupt aber und sein Haar waren weiß wie weiße Wolle, wie der Schnee und seine Augen wie eine Feuerflamme … Und als ich ihn sah, fiel ich zu seinen Füßen wie tot; und er legte seine rechte Hand auf mich und sprach zu mir: Fürchte Dich nicht! Ich bin der Erste und der Letzte und der Lebendige. Ich war tot, und siehe ich bin lebendig von Ewigkeit zu Ewigkeit und habe die Schlüssel des Todes und der Hölle.

(3,15–18):
Das sagt der, der Amen heißt, der treue und wahrhaftige Zeuge, der Anfang der Schöpfung Gottes: Ich kenne Deine Werke, dass Du weder kalt noch warm bist. Ach, dass Du kalt oder warm wärest. Weil Du aber lau bist und weder warm noch kalt, werde ich Dich ausspeien aus meinem Munde. Du sprichst, ich bin reich und habe genug und brauche nichts! Und weißt nicht, dass Du elend und jämmerlich bist, arm, blind, und bloß. Ich rate Dir, dass Du Gold von mir kaufst, das im Feuer geläutert ist, damit Du reich werdest …

Die andere Seite von Feuer und Kälte

TEXTE

Eigene Geschichten und kurze Sätze zum Thema werden von zwei Sprechern im Wechsel vorgetragen. Dabei bewegen sich die beiden Figuren, anders als bei den Bildern und bei den Lesungen, auch gleichzeitig. Je nach Bewertung im Text gehen die Figuren einen Schritt nach vorn (positiv) oder nach hinten (negativ).

Sprecher 1
Als ich in Frankreich im Studentenwohnheim gewohnt habe, habe ich erfahren, was es bedeutet, keinen Kühlschrank zu haben. Die konservierende Wirkung von Kälte haben wir Menschen uns längst zunutze gemacht.
Kältefigur einen Schritt nach vorn.

Sprecher 2
Distanz wird oft als etwas Negatives gesehen, als etwas Kühles und Abweisendes. Aber es hat auch etwas für sich, wenn man gewisse Dinge nicht zu nah an sich herankommen lässt. Gerade für Menschen, die zum Beispiel im beruflichen Leben mit kranken oder auf sonstige Art leidenden Menschen zu tun haben, ist es überlebensnotwendig, einen gewissen emotionalen Abstand zu wahren.
Kältefigur einen Schritt nach vorn.

Sprecher 1
Ein kühler Kopf kann in manchen Situationen lebensrettend sein. Bei einem Verkehrsunfall zum Beispiel muss man ruhig bleiben, um helfen zu

können. Das gleiche gilt auch für Chirurgen. Ich möchte mich nicht von einem Chirurgen operieren lassen, der es nicht schafft, einen kühlen Kopf zu bewahren.
Kältefigur einen Schritt nach vorn.

Sprecher 2
Maurice Chevalier behauptete, die Liebe sei ein Feuer, das im Laufe der Jahre mehr Rauch entwickle als Hitze.
Kältefigur einen Schritt nach hinten, Feuerfigur nach vorn.

Sprecher 1
Messer, Gabel, Schere, Licht, sind für kleine Kinder nicht.
Feuerfigur nach hinten.

Sprecher 2
Feuer und Wasser sind zwei gute Diener, *(Kälte- und Feuerfigur nach vorn)* aber schlimme Herren.
Kälte- und Feuerfigur nach hinten.

Sprecher 1
Leute, die Feuer mit Feuer bekämpfen, enden normalerweise in Asche.
Feuer zwei Schritte nach hinten.

LIED

Unsern Schöpfer preisen wir (siehe Anhang)

PREDIGT

Liebe Gemeinde,

LOB DES FEUERS
unser Glaube ist ein Feuer. Und es brennt. Und es brennt. Und es brennt. Es hat sich durchgebrannt, durch alle Zweifel, durch alle Enttäuschungen, durch alle Krankheit und Sorgen. Wir sind immer wieder durchgebrannt, wie das erwählte Volk aus Ägypten. Wie Jesus mit zwölf Jahren von den Eltern weg in den Tempel und dann mit 33 raus aus dem Grab für immer. Die ESGler sind durchgebrannt, wenn sie sich in den kalten Jahren der Kommunistenuni dienstags in Scharen in der Zionsbaracke und dann im Bau getroffen haben. Du bist heute schon durchgebrannt, durchgebrannt aus dem warmen Bett, aus der Alltagwohnung, aus dem ein-Tag-ist-wie-der-andere-Trott. Du wärst sonst gar nicht hier. Ja. Dein Glaube ist ein Feuer. Begreifbar? Finger weg! Heiß? Heilig!

Unser Gott ist ein Feuer. Und er brennt. Und er brennt. Und er brennt. Und manche schleichen sich heimlich an im Schutze der Dunkelheit von Weihnachten. Und manche retten sich in furchtbarer Not auf diese Feuerinsel. Und manche kommen zufällig vorbei. Und wir? Wir staunen und wollen mehr sehen. Und wir erschrecken und rennen weg. Und wir gewöhnen uns. Und wir wärmen uns. Tag für Tag, Sonntag für Sonntag, Jahr für Jahr. Wir hüten dieses Feuer, weil es uns behütet. Wir nähren es, weil es uns nährt. Wir halten es klein und wünschen es uns groß. Aber unser Gott ist groß!

Ein großes Feuer. Und es brennt. Und es brennt. Und es brennt. Von diesem Feuer ist auch die Offenbarung des Johannes beseelt. Der Predigttext für heute: (3,15–18): Und dem Engel der Gemeinde in Laodizea schreibe: Das sagt der, der Amen heißt, der treue und wahrhaftige Zeuge, der Anfang der Schöpfung Gottes: Ich kenne Deine Werke, dass Du weder kalt noch warm bist. Ach, dass Du kalt oder warm wärest. Weil Du aber lau bist und weder warm noch kalt, werde ich Dich ausspeien aus meinem Munde. Du sprichst: Ich bin reich und habe genug und brauche nichts! Und weißt nicht, dass Du elend und jämmerlich bist, arm, blind, und bloß. Ich rate Dir, dass Du Gold von mir kaufst, das im Feuer geläutert ist, damit Du reich werdest …

Mittendrin finde ich den heißesten Brocken: *Ach, dass Du kalt oder warm wärest! Weil Du aber lau bist und weder warm noch kalt, werde ich Dich ausspeien aus meinem Munde.* (15b–16)
Wie Lava explodiert, brechen diese Worte hervor. Die Würde der Heilige Schrift wird unterbrochen, ja erbrochen. Da kotzt einer, im wahrsten Sinne des Wortes, ab. Der Schreiber? Der, der's ihm diktiert, diese Lichtgestalt mit den Augen wie eine Feuerflamme? Christus selber! Peinlich sind solche Ausraster für uns. An anderen Stellen, z.B. in den Psalmen werden diese Eruptionen gern unterschlagen. (Vergleicht mal Psalm 139 im Gesangbuch und in der Bibel.) Mir machen unmittelbare Wutausbrüche auch Angst. Aber sehen wir uns diesen hier doch mal ruhig an. Die Lava ist inzwischen zweitausend Jahre alt. Da kann man schon mal vorsichtig die Finger ausstrecken. Es steckt viel Gold in diesem Gestein, das mit heißer Emotion an die Oberfläche geschleudert wurde.

DAS VIERFACHE GOLD DES EVANGELIUMS ODER
UNSERE VIER ARTEN ZU SEHEN
Ach, dass Du kalt oder warm wärest! Weil Du aber lau bist und weder warm noch kalt, werde ich Dich ausspeien aus meinem Munde. Welches Gold glänzt da hervor? Welche Wahrheit hörst Du, wenn der Satz an Dein Ohr dringt? Schulz von Thun behauptet ja, dass wir nie mit einem Ohr hören. Er sagt: Es sind vier! Und ich sage, es gibt nicht nur eine Sorte Gold, die Du in der Bibel entdecken kannst. Mach die Augen und Ohren auf! Es sind vier!

Da leuchtet das rote Gold der Aufforderung. *Ach, dass Du kalt oder warm wärest! Weil Du aber lau bist und weder warm noch kalt, werde ich Dich ausspeien aus meinem Munde.* Das rote Gold der Aufforderung funkelt Dich an: „Mach was! Ändere Dein Verhalten. Am besten, Du wirst ein Christ, der mit dem Herzen für die Sache Christi glüht. Oder fälle wenigstens eine klare Entscheidung dafür oder dagegen. Diesen Zwischenzustand, in dem Du Dich befindest, musst Du ändern und zwar jetzt." Wenn Du das in diesen Worten suchst, findest Du *das rote Gold der Aufforderung.*

Ach, dass Du kalt oder warm wärest! Weil Du aber lau bist und weder warm noch kalt, werde ich Dich ausspeien aus meinem Munde. Schimmert es da nicht auch noch heller und klarer? Das ist das weise Gold der reinen Sachlichkeit. Du kannst es nur finden, wenn Du einen Blick für Sachinformationen hast. Dieses Gold hat im Feuer seinen Wert und behält ihn, auch wenn es erkaltet ist. Die Hauptsache rein. Wer nur das Reinste will, findet sich mit Legierungen nicht ab.

Ach, dass Du kalt oder warm wärest! Weil Du aber lau bist und weder warm noch kalt, werde ich Dich ausspeien aus meinem Munde. Eine reine Sachinformation über die Wertigkeit von heiß, kalt und lau. Komisch, denk ich, dass „kalt" auch so hoch im Kurs liegt. „Ja", sagt das Selbstoffenbarungsgold. „Es geht gar nicht um die Sache. Es geht um mich! Sieh mich an. Ich leide. Ich will gefunden werden. Ich habe Sehnsucht nach Wärme, aber noch mehr nach Klarheit. Das gibt mir Orientierung. Dann weiß ich, woran ich bin. Gemischte Gefühle, verschiedene Meinungen, unterschiedliche Glaubensauffassungen machen mir Angst bis hin zu Ekel. Damit kann ich nicht umgehen. Davon will und muss ich mich distanzieren.

„Verstehst Du denn gar nichts?", mischt sich das Beziehungsgold ein. „Siehst Du nicht, dass das Gold seine wahre Farbe erst in Deinen Augen bekommt. Ohne Dich ist es wertlos. Hier blinkt etwas unter den Steinen hervor, weil es von Dir etwas will. Mit Dir. Diesem Gold ist es nicht egal, wer es um seinen Hals trägt. Es will an Deinem Finger glänzen. Es macht sich ernsthafte Sorgen um Dich. Es hat sich sehr für Dich eingesetzt und jetzt steht Eure Beziehung auf dem Spiel, weil Du so schwankend bist. Wenn Du es nicht findest, ist es verloren. Für Dich. Wenn Du es nicht aufhebst, wird es verschüttet."

Ach, dass Du kalt oder warm wärest! Weil Du aber lau bist und weder warm noch kalt, werde ich Dich ausspeien aus meinem Munde. Es sind vier. Es sind vier Arten von Gold, die wir in der Lava des Evangeliums finden können. Welches Gold glänzt da für Dich hervor? Mit welchen Augen suchst Du das Evangelium? Mit den Augen, die auf Appelle gerichtet sind? Fragst Du zuerst: Was soll ich tun? Mit den Augen, die ganz beim Gegenüber sind? Siehst Du vor allem, was ihn bewegt und wie es ihm geht? Oder gehört Deine Leidenschaft dem Gold der Sachlichkeit? Geht es Dir vor allem um die Sache, um die Botschaft, unabhängig vom Geber. Unabhängig von Dir als Empfänger der Gabe? Oder hast Du sofort das Gefühl, dass etwas zwischen Euch passiert, wenn Du die Bibel aufschlägst? Welchem Gold des Evangeliums gilt Deine Vorliebe?

LOB DER LAUHEIT. LOB DER NOCH HEISSEN ASCHE

Ach, dass Du kalt oder warm wärest! Weil Du aber lau bist und weder warm noch kalt, werde ich Dich ausspeien aus meinem Munde. Und ich? Meine heimliche Liebe gilt, seit vielen Jahren, dem Entdecken des Goldes in der Lava. Die Schönheit des Goldes rührt mich am meisten an, wenn es zwischen der dreckigen, scharfkantigen Lava glänzt. Deshalb bekenne ich mich zur Lauheit. Die Eindeutigkeiten von Glaubensfeuer und sogar von Glaubenskälte werden in diesem Bibelvers sehr hervorgehoben gezeigt. Damit werden auch die Eindeutigkeiten in unserem Leben sehr aufgewertet. Ich lege die Lauheit dazu als einen weiteren Wert ins Schaufenster des Glaubens. Ja, ich liebe die Lauheit.

Erinnerungen sind oft lau: Das Feuer ist längst aus. Das Studium längst abgeschlossen, aber im tiefsten Grund des Herzens singt eine Stimme: ... mein Dresden bleibt mir stets geehrt ... *(ESG-Hymne).* Erinnerungen sind nicht heiß, aber sie haben das Feuer gehütet über viele Jahre hinweg. Erst die Lauheit der Erinnerung macht uns manchmal deutlich, was mit unserem Herzen los ist. „Brannte nicht unser Herz? (Lk 24,32) Die Lauheit ist für mich ein sehr verlässliches Gestein. Diese Mischung hat Bestand. Feuer verpufft, das Eis zerschmilzt. Worauf ich mich in der Gemeinde am besten verlassen kann, sind die Leute mit Durchschnittstemperatur. Die sind ausgeglichen und beweglich. Die bringen Ruhe ins Geschehen. Aber es geschieht etwas. Schritt für Schritt.

Die Lauheit ist der Bodenschatz in der Seelsorge. Die Ressource des Glaubens ist immer die Mischung aus Geröll und Gold. Das macht gerade ihre Schönheit aus. Manchmal blasen wir die staubige Asche der Belanglosigkeit vorsichtig weg. Was zum Vorschein kommt, ist nicht reines Gold. Es ist diese wunderbare Mischung aus Gott und Welt, aus Glaube und Zweifel, aus kühlem Kopf und heißem Herzen: Ein Student sagt, eher nebenbei: „Ich habe nichts gegen die Bibel, aber ich kann mit der Trinität nichts anfangen." Und eine Frau gesteht: „Ich liebe meinen Mann, aber ich brauche erst mal Abstand." Ist das nichts? Was ist da? Was war da? Was will da werden! Wir richten gern mit feurigem Herzen und servieren solche Äußerungen ziemlich kalt ab. Heiß und Kalt haben auch etwas Arrogantes, als müsste jeder immer genauso sein und denken und glauben, wie ich es mir vorstelle. Ich liebe die Lauheit. In ihr ist alles verborgen, der ganze Schatz: Der Tod und das Leben, der Schmerz und das Glück, die Kälte und das Feuer, ich und mein Gott. Und dieser Gott ist ein Feuer. Und es brennt und es brennt es brennt.

Amen.

GLAUBENSLIED

FÜRBITTEN

ABENDMAHL

GEBET

LIED
Mein Hirte bist Du (siehe Anhang)

SEGEN
für einen Liturgen und zwei Sprecher aufgeteilt

Liturg
Geht in diese neue Woche mit der Gewissheit, dass Gott mit Euch geht.

Sprecher 1
Geht mit der Zusage, dass er Euch selbst begegnen will.

Sprecher 2
Geht mit der Gewissheit, dass er einen guten Weg mit Euch vorhat.

Sprecher 1
Geht mit seiner Fürsorge, die Euch der Kälte trotzen und immer eine wärmendes Feuer finden lässt.

Sprecher 2
Steht auf zum Segen:

Liturg
Der Herr segne Dich, er nehme Dir die Hitze der Gedanken. Er schenke Dir einen kühlen Kopf bei den Prüfungen des Studiums und den anderen Verunsicherungen des Lebens.

Liturg
Der Herr behüte Dich,

Sprecher 1
Er lege einen wärmenden Mantel um Dich, der Dir Lied und Seele auftaut nach eisigen Stunden.

Liturg
Der Herr lasse sein Angesicht leuchten über Dir,

Sprecher 2
dass Du sein Feuer bringst, das aufrüttelt und wach macht, wo alles schläft und das Leben erstickt ist unter der Asche.

Liturg
Er sei Dir gnädig,

Sprecher 1
wenn Du selbst nichts mehr spürst von der Wärme seiner Zuwendung.

Sprecher 2
Er nehme Dir Schuld und Versagen und blase Dir seinen Mut ins Gesicht.

Liturg
Der Herr erhebe sein Angesicht auf Dich,

Sprecher 1
dass Du erleuchtest bist in dunklen Stunden und sich Dein Kopf selbst erhebt.

Liturg
Er gebe Dir + Frieden.

Sprecher 2
Er schenke Dir Augenblicke, in denen sein Feuer und das Geschenk seiner Klarheit Dir Glück sind.

Liturg
So segne und behüte Dich Gott, der Allmächtige und Barmherzige, der Vater, der Sohn und der Heilige Geist. Amen.

MUSIK

6. Feuerblitz

Bibeltexte: Mose am Dornbusch und Bekehrung
des Paulus (Ex 3,1–6; Apg 9,3–7)

Hintergrund

Entstehungsgeschichte

Die Vorbereitung des dritten Ökumenischen Jahresanfangsgottesdienstes der
Studentengemeinden (KSG und ESG) in der Frauenkirche begann mit der
Themensuche in großer Runde. Mit „Feuerblitz" leuchtete als Vorschlag etwas
auf, dem sich die Gruppe schwer entziehen konnte. Schnell wurde klar, dass diese
Metapher nicht einseitig gedeutet werden will.

Dramaturgische Struktur

„Feuerblitz" assoziiert zum einen gewaltige biblische Gotteserfahrungen, zum anderen aber auch Begeisterung zwischen Menschen, in der Natur oder in der Wissenschaft. Neben seiner Ernsthaftigkeit lässt dieser Titel auch Raum für Witz und
spielerischen Umgang. Es bilden sich schnell drei Parallelstränge heraus: Das
Halten der deutungsoffenen Metapher, die Deutung als Gotteserfahrung und die
Deutung einer menschlichen Erfahrung z.B. als Wissenschaftler. Allen drei Strän-
gen unterstellen wir für diesen Gottesdienst eine parallele Grundstruktur. Diese
drei Teile bilden die dramaturgische Struktur des Gottesdienstes:
Es liegt was in der Luft, aber es passiert nichts. Der Blitz selbst ist eine ungeheure
Entladung geballter Energie. Nach dem Blitz setzen verschiedene Reaktionen ein.
Was bleibt, ist ein Feuer der Begeisterung.
Das Besondere an diesem Gottesdienst im Blick auf die dramaturgische Liturgik
sind die parallelen Deutungen, die durch die Metapher „Feuerblitz" zueinander
in Spannung gehalten und nicht einseitig gedeutet und damit aufgelöst werden.
Zu dieser Längsspannung reihen sich spannende Querelemente wie Fischgräten
aneinander.

Methodische Umsetzung

Dass etwas in der Luft liegt und nichts passiert, beginnt mit dem Chor, der sich
aufstellt und unerwartet wieder Platz nimmt, ohne dass gesungen wird. Die

Pantomime, die den Ablauf des Gottesdienstes fünfmal mit einer Versuchsszene aus der Wissenschaft durchbricht, stellt tragikkomisch die Parallele zur Erfahrung im wissenschaftlichen Alltag her. Auch hier tut der Wissenschaftler treu und fleißig seine Arbeit, aber Außergewöhnliches passiert höchst selten. Die geistliche Erfahrung der Vergeblichkeit drückt sich in der *Psalmlesung mit Text* aus. Die Ton-Licht-Tanz-Animation drückt Blitz als spannendes Ereignis aus. Wie ein Sprachgewitter, was sich über den Gottesdienstbesuchern entlädt, sind die *deutenden Lesungen* gestaltet. Der folgende innere *Dialog* nimmt die offene Deutung bewusst wieder auf, indem er jeweils positiv und negativ erlebte Seiten derselben Blitzerfahrung formuliert. In der *Dialogpredigt* blitzt es Satz für Satz. Die Heiterkeit, mit der das geschieht, leitet über zu dem emotional versöhnlichen vierten Teil, der die Besucher nach *Fürbitten*, letzter Pantomime, *Segen mit Sendung* und Sendungstanz *entlässt*.

Vorbereitung

- Was eingeübt werden muss, ist der Feuertanz. Es wird eine Musik benötigt, die die tänzerische Darstellung eines Blitzes und des darauf folgenden Feuers möglich macht. Auch die Lichteffekte müssen geprobt, Technik beschafft und installiert werden.
- Ebenfalls ist die fünfteilige Pantomime einzuüben. Dazu wird ein mit Forschungsapparaturen voll gestellter Tisch benötigt. Der Pantomime braucht einen Kittel, ein Messband, ein Kabel und eine Schutzbrille. Mit einem Kohlestift bemalt er sich vor der 5. Szene das Gesicht. Geigentöne kündigen den Pantomimen mit einer Art Erkennungsmelodie an und verabschieden ihn wieder. Bei der 6. Szene werden mit Laserpointern Lichtpunkte erzeugt.
- 6 Hocker, im Kirchenschiff verteilt, werden für die Lektoren gebraucht. Diese kurzen biblischen Sätze müssen in Abfolge, Lautstärke und Tempo geprobt werden.
- Der Dialog braucht zwei Sprecher. Die Predigt ebenfalls.

Ablauf des Gottesdienstes

GELÄUT UND EINZUG
Auch wenn die Kirche zum großen Einzug einlädt, sollte er schlicht und funktional sein, da der nachfolgende Auftritt des Chores inszeniert ist. Erst mit der Begrüßung beginnt der eigentliche Gottesdienst.

Es liegt was in der Luft, aber es passiert nichts

CHOR

> *Der Chor stellt sich auf, wird durch den Dirigenten zum Luftholen animiert, abgestoppt, atmet aus und geht wieder ab.*

PANTOMIME 1

> *Von hinten aus dem Kirchenschiff kommt ein als Wissenschaftler erkennbarer Pantomime. Er wird durch Geigentöne angekündigt. Er tritt an seinen Laborarbeitstisch, hantiert mit einigen Gerätschaften, entrollt eine Schnur, drückt ab und: Nichts passiert. Der Pantomime geht, wie jeden Tag, durch das Kirchenschiff zurück.*

BEGRÜSSUNG

GEMEINDELIED

PANTOMIME 2

> *Die Szene läuft wie bei Pantomime 1.*

TEXT & PSALM

> *Die beiden Textleser treten gleichzeitig nach vorn und lesen ohne Ankündigung.*

Sprecher 1

Ich war unterwegs, als regennasse Dunkelheit die Straßen bedeckte. Da ich bereits über unzählige Straßenkreuzungen gelaufen war, blieb ich schließlich an einer solchen stehen, unschlüssig, ob ich nach links gehen sollte oder nach rechts oder geradeaus. Es gab nichts, was mehr für die eine als für jede der anderen Richtungen sprach.

Sprecher 2

Wie der Hirsch lechzt nach frischem Wasser, so schreit meine Seele, Gott, zu Dir. Meine Seele dürstet nach Gott, nach dem lebendigen Gott. Wann werde ich dahin kommen, dass ich Gottes Angesicht schaue? Meine Tränen sind meine Speise Tag und Nacht, weil man täglich zu mir sagt: Wo ist nun Dein Gott? (Ps 42,1–4)

Sprecher 1

Als ich da stand, völlig vom Regen durchnässt, näherte sich unerwartet von hinten ein fremder Mann und fragte, warum ich meinen Weg nicht fortsetzte. „Schon unzählige Male" erklärte ich mich, „habe ich an dieser Kreuzung gestanden und jedes mal, wenn ich mich für eine Richtung entschieden hatte, gelangte ich doch nur aufs Neue hierher. So halte ich es nun für am Vernünftigsten, hier stehen zu bleiben. Da ich mich meinem Ziel durch Weitergehen nicht weiter annähern kann, erspare ich mir wenigstens die Kreuzung und den Weg dorthin. Außerdem habe ich nur eine Taschenlampe bei mir und je heller sie leuchtet, desto stärker verdeckt mir der Schleier der angestrahlten Regentropfen den Blick nach vorn.

Sprecher 2
Ich sage zu Gott, meinem Fels: Warum hast Du mich vergessen? Warum muss ich so traurig gehen, wenn mein Feind mich dränget? Es ist wie Mord in meinen Gebeinen, wenn mich meine Feinde schmähen und täglich zu mir sagen: Wo ist nun Dein Gott? Was betrübst Du Dich, meine Seele und bist so unruhig in mir? (Ps 42,10–11)

Die Sprecher nehmen gemeinsam Platz.

Kyrie

Lied

Pantomime 3
Die Szene läuft wie bei Pantomime 1. Nachdem wieder nichts passiert, geht der Pantomime allerdings sichtbar enttäuschter ab.

Musikstück

Blitz
Der Blitz wird durch eine Tanz-Musik-Licht-Performance dargestellt. Der Höhepunkt ist ein großer Scheinwerferblitz, gefolgt von Pauken und Beckendonner, anschließender Stille und kurzer Dunkelheit.

Pantomime 4
Die Töne der Geige kündigen eine Veränderung im Kommen des Pantomimen an. Dieser kommt anders als sonst, als wäre etwas passiert, zu seinen Apparaturen gerannt, schaut sich um, entdeckt nichts und stürzt aufgeregt wieder nach hinten. Sein Gesicht ist, wie nach einer Explosion, mit Ruß beschmiert.

Gemeindelied

Biblische Lesungen
Der Chor erhebt sich und stimmt nach diesen Lesungen ohne Ankündigung das Gloria an. 6 Sprecher stellen sich im Kirchenraum verteilt auf Hocker um die sitzende Gemeinde herum. Sie rufen von allen Seiten in die Gemeinde hinein.

Sprecher 1
Und es geschah plötzlich ein Brausen vom Himmel (Apg 2,2)

Sprecher 5
und es erschienen ihnen Zungen, zerteilt wie von Feuer (Apg 2,3)

Sprecher 2
und der Engel des HERRN erschien ihm

Sprecher 3
in einer feurigen Flamme aus dem Dornbusch (Ex 3,2)

Sprecher 6
und Mose verhüllte sein Angesicht. (Ex 3,6)
(kurze Pause)

Wie der Blitz aufblitzt und leuchtet

Sprecher 5
so wird der Menschensohn an seinem Tage sein. (Lk 17,24)
(kurze Pause)

Sprecher 1
Da umleuchtete ihn plötzlich ein Licht vom Himmel (Apg 9,3)

Sprecher 5
und er fiel auf die Erde. (Apg 9,4)

Sprecher 3
Die Männer aber, standen sprachlos da, (Apg 9,7)
(kurze Pause)

Sprecher 4
da erhob sich ein Donnern und Blitzen, (Ex 19,16)

Sprecher 6
weil der HERR auf den Berg herabfuhr im Feuer (Ex 19,18)

Sprecher 3
und gewaltiger Hörnerschall erklang (Ex 19,19)

Sprecher 4
und Gott antwortete:

Sprecher1 und 2 gehen zur Lesung nach vorn. Sie sprechen von den Orten, von denen dann auch die Dialogpredigt gesprochen wird und lesen ohne Ankündigung.

Sprecher 1
Mose aber hütete die Schafe Jitros, seines Schwiegervaters, des Priesters in Midian, und trieb die Schafe über die Steppe hinaus und kam an den Berg Gottes, den Horeb. Und der Engel des HERRN erschien ihm in einer feurigen Flamme aus dem Dornbusch. Und er sah, dass der Busch im Feuer

brannte und doch nicht verzehrt wurde. Da sprach er: Ich will hingehen und die wundersame Erscheinung besehen, warum der Busch nicht verbrennt. Als aber der HERR sah, dass er hinging, um zu sehen, rief Gott ihn aus dem Busch und sprach: Mose, Mose! Er antwortete: Hier bin ich. Gott sprach: Tritt nicht herzu, zieh Deine Schuhe von Deinen Füßen; denn der Ort, darauf Du stehst, ist heiliges Land! Und er sprach weiter: Ich bin der Gott Deines Vaters, der Gott Abrahams, der Gott Isaaks und der Gott Jakobs. Und Mose verhüllte sein Angesicht; denn er fürchtete sich, Gott anzuschauen. (Ex 3,1–6)

Sprecher 2
Als er aber auf dem Wege war und in die Nähe von Damaskus kam, umleuchtete ihn plötzlich ein Licht vom Himmel; und er fiel auf die Erde und hörte eine Stimme, die sprach zu ihm: Saul, Saul, was verfolgst Du mich? Er aber sprach: Herr, wer bist Du? Der sprach: Ich bin Jesus, den Du verfolgst. Steh auf und geh in die Stadt; da wird man Dir sagen, was Du tun sollst. Die Männer aber, die seine Gefährten waren, standen sprachlos da. (Apg 9,3–7a)

GLORIA

Unterschiedliche Reaktionen auf Blitzerlebnisse

DIALOG
Zwei Sprecher treten gleichzeitig an die bisherigen Orte der Lektoren 1 und 2.

Sprecher 1
Mich hat's voll erwischt. Ich bin vom Blitz getroffen! In mir ist alles Freude, alles Energie! Ich bin voll begeistert, aufgekratzt … Ich könnte die ganze Welt umarmen.

Meine ganzen Sorgen sind wie weggeblasen. Ich bin überhaupt nicht mehr unsicher. Ich spüre es, ja ich kann etwas bewegen. Ich stecke meine Kommilitonen mit meiner Begeisterung an. Und sie freuen sich mit mir. Ich fühle mich richtig frei!

Sprecher 2
Das macht mir Angst, wenn die anderen plötzlich wie vom Blitz getroffen sind. Ich kenne das schon. Ein paar Tage wird die ganze Welt verändert und dann brennen sie aus. Und ich? Ich muss das dann wieder ausbügeln: Zuhören, Tränen abwischen, Scherben wegräumen, Mut machen, einkaufen, Essen kochen. Am Ende brenne ich selber noch aus. Nein.
Wie kann man nur seinen Verstand so komplett ausschalten! Wer sagt denn, dass diese Gefühle echt sind, vielleicht sogar noch von Gott kommen! Da zieh ich mich doch lieber zurück. Von meinem Faradayschen Käfig aus

kann ich alles gut beobachten. Erst wenn ich unbeteiligt bin, fasziniert mich so ein Blitz: So gewaltig, so schlank, so plötzlich und so dichte Energie! Und alles wird vor mir an der Außenhaut abgeleitet!

Einer muss ja schließlich einen kühlen Kopf bewahren.

Sprecher 1

Ich vergesse immer in diesen Momenten die Gefahr. „Ich könnte mir Verbrennungen zuziehen." Meine Gesundheit, mein sonstiges Leben steht auf dem Spiel. Der hat schon Recht, ich übernehme mich oft.

Ich selbst werde überheblich: „Mir kann ja nichts passieren!" Das kränkt andere und macht sie unbedeutend. Ich sehe nur noch mich und bin blind für andere.

Und meinen Aktionismus sehe ich auch nicht.

Ich sehne, verzehre mich gleichzeitig nach Geborgenheit, Wärme, Gemütlichkeit.

Wo bist Du, Insel, im tosenden Meer!?

Sprecher 2

Mein Käfig ist auch ein Gefängnis. Draußen erzählen die Menschen von ihren tollen Erlebnissen. Und ich? Ich kann nichts berichten.

Wieso passiert mir so was nie? Wer behandelt mich so ungerecht?

Oder bin ich es einfach nicht wert?

Doch ich bin es. Ich bin … vor allem eins: Neidisch.

Vom bleibenden Feuer der Begeisterung

DIALOGPREDIGT
Zwei Personen stehen links und rechts im Altarraum und sprechen miteinander.

Distanzierter Blick auf ein Gespräch

Prediger 1
Haben Sie das gesehen?

Prediger 2
Gesehen hab ich nicht viel, aber gehört hab ich alles.

Prediger 1
Ich finde das ja unerhört, wie man so distanziert über so etwas Ergreifendes reden kann, wie der eine da. Als würde es ihn gar nichts angehen. Die Welt könnte untergehen und der würde sein Müsli weiterkauen.

Prediger 2
Vielleicht ging es ihn ja auch gar nichts an. Oder er hat versucht, sich das Mädchen vom Leibe zu halten.

Prediger 1
Welches Mädchen?

Prediger 2
Das das ist doch wohl klar, dass die beiden hier über eine Studentin gesprochen haben. Die sind beide verliebt. Vermutlich noch in dieselbe. Ja so ist das. Auch in der ESG. Erst tun sie distanziert, dann werden sie neugierig und dann, ja dann verbrennen sie sich die Finger.

Prediger 1
Unsinn. Die beiden Studenten haben sich über ihre Forschungsergebnisse unterhalten. Klang wie Bio oder Physik. Der eine ist kurz davor, etwas zu entdecken und seinem Kommilitonen ist das zu viel Arbeit. Der will seinen Schein und sonst seine Ruhe. Das kenne ich zur Genüge.

Prediger 2
Sie machen doch Theologie.

Prediger 1
Ja, wieso?

Prediger 2
Na, dann war es ein Glaubensgespräch!

Prediger 1
Sie meinen der Blitz war eine Art Gotteserfahrung?

Prediger 2
Für den einen. Der war ja auch noch ganz heiß.

Prediger 1
Aber der andere saß in seinem Käfig und hat sich gefreut, dass es nicht bei ihm eingeschlagen hat. Der kommt mir irgendwie bekannt vor.

Prediger 2
Vielleicht gibt's ja auch mehrere. Übrigens von den Heißen auch. Die sind ganz schnell Feuer und Flamme, machen einen verrückt und vor allem: Lassen keine andere Meinung gelten.

Prediger 1
Immerhin haben die eine.

Prediger 2
Naja. Mich machen Leute, die noch dampfen erst mal skeptisch. Und wenn die mir dann noch einreden, ich müsste auch mein ganzes Leben unbedingt auf Dauerblitz einstellen, wird mir echt angst.

Prediger 1
Meinen Sie jetzt die Liebe oder die Wissenschaft?

Prediger 2
Ich dachte immer noch an religiöse Erfahrungen.

Prediger 1
Ach so. Aber das ist im Grunde auf allen Gebieten ähnlich.

FÜR PAULUS BEGEISTERT

Sehen Sie, Paulus z.B. Der hat wirklich was erlebt, was sein ganzes Leben verändert hat. Da geht er nach Damaskus, um ordentlich Christen zu fangen und kurz vor der Stadt: Wamm! Haut 's ihn aus den Schuhen. Es blitzt so hell, dass er erstmal nix mehr sieht – er hört den Auferstandenen zu ihm sprechen, und von da an lebt er sein ganzes Leben für die Mission.

Prediger 2
Dass dem das so passieren musste, wundert mich nicht. Der war ja schon vorher ein Eiferer – vom Typ her hat er sich nicht verändert – war eben lange auf der falschen Seite. (Könnte ein Sachse gewesen sein.)

Prediger 1
Natürlich hat Begeisterung oft eine Vorgeschichte, so ist das bei Geistesblitzen. Daran hat man auch lange gearbeitet, aber das macht doch den Enthusiasmus nicht schlecht.

Was hat der Paulus nicht alles bewirkt. Der hat immerhin das Christentum erfunden. Der hat seinen Blitz genutzt. Und außerdem hat er ja nicht angefangen zu phantasieren. Er hat seine Erfahrung vielmehr anderen zugänglich gemacht. Er hat doch Argumente gesucht, um gerade diejenigen zu überzeugen, die als Heiden von den Dingen noch gar nichts gehört hatten.

Paulus und Luther. Das waren Leute, die aus ihrem kleinen Schaden enorm was gemacht haben. Und die waren bei aller Begeisterung total vernünftig.
„Alles ist erlaubt, aber nicht alles erbaut." (1 Kor 6,12) Darauf muss man erstmal kommen. Sie stehen wohl nicht so auf Paulus?

MOSE BEWUNDERN

Prediger 2
Naja, wissen Sie, ich bin mehr so ein pragmatischer Typ. (Studentenpfarrer eben und nicht Professor) Ich fühle mich wohl, wenn ich mitten drin bin im Leben. Ich stamme aus einer großen Familie und habe jetzt selber eine. Und die ESG ist auch so was. Hier wird gekocht und geredet, gelacht und gefeiert: Gottesdienst und das Leben. Und das schau ich mir an und freue mich mit. Direkt mitmachen muss ich eigentlich nicht. Zusammenhalten will auch gelernt sein.

Prediger 1
Einer von denen, die vorhin in der Lesung aufgeblitzt sind, war ja so ein Hirtentyp.

Prediger 2
Ach so?

Prediger 1
Mose. „Der hütete die Schafe seines Schwiegervaters Jitro", weil er ins Nachbarland flüchten musste, vor den Ägyptern.

Prediger 2
Die meisten bewundern die spektakulären Aktionen von Mose. Aber seine Stärke war das Hüten, das Behüten und Zusammenhalten der Herde. Genau das hat er geübt bei den Schafen. Und Gott hat das gesehen und gedacht: Genau so einen kann ich gebrauchen. Diese Distanz und Ruhe sind entscheidend.

Prediger 1
Aber es passiert doch viel mehr: Der hektische Aufbruch, die Verfolgung der Ägypter, das Meer hat sich geteilt. Die Feinde sind untergegangen. „Star Wars Teil IV: Eine neue Hoffnung". Klasse.

Prediger 2
Viel mehr passiert auch sonst. Bei Ihnen z.B.: Sie halten ihre atemberaubenden Vorlesungen, Bücher werden veröffentlicht, Erfindungen werden gemacht, Drittmittel beschafft …
Aber das Entscheidende, mein lieber Professor ist doch: …

Prediger 1
Ja, was?

Prediger 2
Das Entscheidende ist, dass jemand Distanz hat und Ruhe rein bringt.
Sie können Ihre atem(be)raubende Vorlesung oft nur halten, weil Frau Buck, Ihre Sekretärin Sie – in Ruhe – daran erinnert, dass sie es eilig haben, weil es schon 10 nach 11 ist.

Prediger 1
Wie beim Aufbruch aus Ägypten.

Prediger 2
Und wenn der Eine von vorhin – der wahrscheinlich doch verliebt ist – sich mal traut, aus seinem Käfig rauskommt und – ganz in Ruhe – fragt: Wollen wir heiraten? Und sie dann – von mir aus ganz überschwänglich – „Ja" sagt, wird es doch darauf ankommen, dass sich die Liebe in ihrer alltäglichen Lebenspraxis bewährt.

Prediger 1

Vielleicht auch wunderbare 40 Jahre in der Wüste.

Prediger 2

Und auch das Manna, das Himmelsbrot findet das Volk im Morgentau, nach einer ruhigen Nacht. Das Wesentliche finden wir nur in Ruhe.

Prediger 1

Aber das Leben des Mose war alles andere als ruhig. Und vom Typ her war er eher aufbrausend. Er hat einen Ägypter erschlagen. Aus Zorn!

Prediger 2

Anfangs schon. Weil er so war, hat er sich auch seinen Gott so vorgestellt:

Prediger 1

Jaja, kämpferisch, mächtig, immer dabei, wo's Action gibt.

Prediger 2

Und dann ist er dem Wirklichen begegnet. In der Einöde. Nebenbei. Beim Schafehüten.
An einem Dornbusch hat er begriffen, dass Gott anders ist:
Dass er brennt, aber nicht verbrennt.
Dass er im Augenblick ist, aber nicht zu handhaben.
Dass nicht die großen Reden fehlen, sondern die kleinen Schritte. Auch die Schritte zurück, die Distanz bringen.

Prediger 1

Mose ist nie freiwillig zurück gewichen!

Prediger 2

Mose schon, aber wir weichen nicht, wenn wir brennen. Uns fehlt oft der Abstand zur Arbeit, zu uns selber. Manchen auch zu Gott.

Prediger 1

Ja, das stimmt schon. Jean-Paul Sartre hat mal gesagt: „Mit der Liebe ist es so eine Sache: entweder sie brennt oder sie dauert."

Prediger 2

Na wunderbar, diese Philosophie: Im Faradayschen Käfig passiert nichts. Und dafür kann ich überdauern. Es ist schrecklich, wenn nie etwas passiert!
   Aber Sie sind meine Rettung: Wissen Sie, heimlich genieße ich es, neben solchen Leuten wie Ihnen zu arbeiten. Die bringen immer so eine Begeisterung mit. Da passiert was, ohne dass ich unbedingt etwas dazu tun muss.

Prediger 1

Schön für Sie: Ja, nur falle ich mit meiner Begeisterung auch oft auf die Nase ... Haben Sie schon mal in der akademischen Selbstverwaltung gearbeitet?

Manchmal hätte ich es gerne so wie Sie. Mit Ruhe und Distanz sehen Sie, dass sich die Windmühlen eben drehen. Sie sehen, dass es nur Windmühlen sind und müssen nicht dauernd Ihr Laserschwert ziehen. So eine Gelassenheit wär schon toll. Manche finden das ja im Glauben.

Prediger 2
Ging es nun überhaupt um den Glauben?

Prediger 1
Wo, bei mir?

Prediger 2
Nein bei den beiden verliebten Studenten vorhin?

Prediger 1
Wenn schon verliebt, dann sehr unterschiedlich verliebt. Der Eine. So begeistert. Ganz hin und weg. Feuer und Flamme. Und der andere so distanziert, fast verklemmt.

Prediger 2
Vielleicht brauchen die sich auch.

Prediger 1
Ja, ohne die Lebenspraktischen säßen die Begeisterten oft auf dem Trockenen.

Prediger 2
Wie in der Liebe.

Prediger 1
Aber wir wissen immer noch nicht, worum es den beiden Wissenschaftlern ging.

Prediger 2
Ich hoffe nur, der Distanzierte traut sich mal was.

Prediger 1
Und ich würde mich freuen, wenn der Begeisterte auch mal über sich lachen kann.

Prediger 2
Ja, das wünsche ich Ihnen von Herzen.

Prediger 1
Und ich hoffe, sie lesen mal wieder Paulus. „Die Macht wird mit Ihnen sein".

Prediger 2
Amen.

LIED

Das Nizänische Glaubensbekenntnis (EG 805)

FÜRBITTE
Wir wollen gemeinsam Fürbitte halten und jeweils in das Kyrie einstimmen. (EG 178.9) Kyrie …

Sprecher 1 – Zum Thema Warten
Lieber Gott, so oft im Leben befinden wir uns in einer Wartesituation: Wir warten auf Menschen oder auf konkrete Dinge wie Abschlüsse, Prüfungen, auf die Ferien. Aber oft wissen wir auch gar nicht, was es ist worauf wir warten. Oft ist es etwas Ungewisses: dass sich unser Leben verändert oder dass etwas Großes passiert oder wir haben das Gefühl, uns fehlt etwas. Hilf uns, diese Ungewissheit auszuhalten und die Wartezeit nicht als sinnlos zu empfinden. Hilf uns, die Hoffnung nicht aufzugeben, dass sich das Warten lohnt. Wir singen: Kyrie …

Sprecher 2 – Für die Blitze im Leben
So wie Blitzen eine immense Kraft innewohnt, haben Menschen durch sie das Feuer erlangt, eine Errungenschaft, die ihr Leben revolutionierte. Heutzutage sind viele von uns von den ermüdenden Fesseln der Routine gelähmt oder stehen vor Bergen unüberwindbarer Schwierigkeiten. Gott, ich bitte für diese Menschen, dass auch sie sich durch ein Blitzerlebnis aus ihren Bahnen herausreißen lassen, um sich durch Ideen und eine veränderte Perspektive neue, weite Lebenshorizonte zu erschließen. Wir singen: Kyrie …

Sprecher 3 – Wenn wir nicht getroffen sind
Lieber Vater, alle, die wir nicht vom ersehnten Blitz getroffen sind, bitten Dich: Stärke unser Vertrauen auf Dich. Gib uns Geduld. Mach uns Mut, wo wir begeistert an Deinem Reich mitbauen können. Und wenn andere von Dir getroffen werden: Lass uns ihnen ein verlässlicher Bezugspunkt sein. Wir singen: Kyrie …

Sprecher 4 – Wenn wir getroffen sind
Lieber Gott, wenn wir von Deinem Blitz getroffen sind: Hilf uns, dass wir dann nicht einfach so weiterleben, als ob nichts geschehen wäre, sondern gib uns den Mut und die Offenheit, Dein Feuer in uns brennen zu lassen. Hilf uns, die oft kalte und dunkle Welt zu erwärmen und zu erhellen. Hilf uns aber auch, dass wir uns nicht für etwas Besseres halten als andere, die vielleicht noch nicht von Dir getroffen sind, sondern dass wir nach Deinem Willen unseren Mitmenschen zur Seite stehen. Wir singen: Kyrie …

Sprecher 5 – Für das Feuer
Vater, wir bitten Dich, erhalte die Menschen, Gedanken und Orte, die uns Feuer sind. Erhalte die Gemeinden, wie die KSG und ESG, die das Feuer des gelebten Glaubens weitertragen. Schenke uns immer wieder feurige und

mutige Gedanken, die andere anstecken. Lass Menschen bei uns sein, die für etwas brennen. Lass das Feuer in uns nicht verlöschen. Wir singen: Kyrie ... Gemeinsam beten wir: (Die Gemeinde erhebt sich.) Vater unser im Himmel...

PANTOMIME 6
Wie bei Pantomime 1 kommt der Wissenschaftler durch Geigentöne angekündigt. Als er diesmal versucht etwas auszulösen, hört man von irgendwoher Töne von einer Gitarre, Saxophon oder Klarinette. Kleine Lichtpunkte, die von hinten an die Wände des Altarraumes gestrahlt werden, klettern spielerisch hoch und tummeln sich an der Decke. Der Wissenschaftler nimmt diese kurz zur Kenntnis, arbeitet kurz weiter und geht zufrieden. Es ist etwas Unerwartetes, Schönes passiert.

LIED

ANSAGEN

SEGEN UND SENDUNG
von zwei Liturgen zu sprechen

Nach den Ansagen treten die Liturgen direkt vor die Gemeinde.

Liturg 1
In der Nacht ist das Feuer am hellsten.

Liturg 2
In Deiner Nacht ist Gott am nächsten.

Liturg 1
In dieser Nacht empfangt seinen Segen.
Die Gemeinde erhebt sich. Die Liturgen breiten die Arme aus.

Liturg 2
Es segne und behüte Euch der allmächtige und barmherzige Gott, der Vater, der Sohn und der Heilige Geist.
Die Liturgen schlagen das Kreuz gemeinsam.

Liturg 1
Und nun geht in diese Nacht
mit der Gewissheit der Gegenwart des Vaters.

Liturg 2
Mit dem Trost der Begleitung des Sohnes.

Liturg 1
Und mit dem Feuer des Heiligen Geistes.

ORGELNACHSPIEL

SENDUNGSTANZ

Die Tänzer bewegen sich zuerst zum Ausgang. Wenn die Tänzer verschwunden sind, treten die Liturgen und die anderen Gestalter des Gottesdienstes vor den Altar, halten kurz inne und gehen in die Sakristei.

KOLLEKTE AM AUSGANG

7. Gefangen

Bibeltext:
Paulus und Silas im Gefängnis (Apg 16,23–34)

Hintergrund

Entstehungsgeschichte

Der besondere Ort für diesen Gottesdienst zum Gemeindefest 2006, der Piano-Keller in der Neustadt, war bereits vom Planungskomitee ausgesucht worden. Auch die besondere Zeit lag fest: Sonnabend 22.00 Uhr. Der fensterlose Raum, in dem die nackten Mauersteine zu sehen sind, legte die Überschrift für diesen Gottesdienst nahe: Gefangen. Ein Thema, das auf der einen Seite in absolutem Kontrast zu dem fröhlichen Gemeindefest und den sonnigen Vorbereitungs-treffen stand, auf der anderen Seite aber den inhaltlichen Höhepunkt des Festes bildete, bei dem in mehreren Stationen das Leben und Wirken des Apostel Paulus erfahrbar gemacht wurde.

Dramaturgische Struktur

Der Spannung von Freisein und Gefangensein entspricht die innere Ambivalenz von „Gefangensein ist schrecklich" und „Gefangensein ist Sicherheit" und Frei-sein als positive und angstbesetzte Erfahrung. Über diese Kontraste entwickelt sich die Synthese „Als Gefangene frei sein". Das Besondere an diesem Gottes-dienst im Blick auf die dramaturgische Liturgik liegt im Gesamtspannungsbogen und in der Verwobenheit von eigenen Texten und Bibeltext. Daneben ist das Miterleben des Gefangenseins durch die Wahl des Ortes und der Zeit für diesen Gottesdienst von zentraler Bedeutung.

Methodische Umsetzung

Das Gefühl des Gefangenseins wird für die Gottesdienstbesucher direkt erfahrbar gemacht: Sie befinden sich in einem fensterlosen Kellerraum, hinter ihnen wird die Tür verschlossen und eine aus Holz und Pappe gestaltete Mauer vorge-schoben. Auf diese können sie im Rahmen einer *Aktion* ihre eigenen Orte des Gefangenseins anheften. Der *Wechsel von* zweimaliger *Lesung* (Apg16,23–24) *und eigenen damit korrespondierenden Texten* holt die Bibelstelle in unsere Welt.

Dem Schrei nach Freiheit, mit dem eine dramatisierte Gefängniserfahrung abschließt, wird nun das Glück, das im Gefangensein liegen kann, gegenübergestellt und durch eine *Pantomime* aufgenommen. Die *Predigt* erweitert den Blickwinkel durch die Kontrastierung von „Gefangensein und Freisein". *Dias* visualisieren noch einmal Gefängnisse des Alltags. Der *entfaltete Segen* zeigt, dass auch im Gefangensein Momente der Freiheit möglich sind. Diese Aussage wird durch eine Drehung der Mauer, das Mitgeben von *Papierkranichen* und der *Filmmusik* aus einer vor allem im Gefängnis DDR zur Kultserie gewordenen Gaunerkomödie am Ausgang verstärkt.

Vorbereitung

Es werden benötigt:
- ein Becken, das das Zuschlagen einer Gefängnistür andeutet
- Mauer aus Holz und Pappe als Aktionswand
- aus Papier gemalte Ziegelsteine zum Beschriften „meine eigenen Gefängnisse"
- Nadeln oder Klebeband zum Anheften, Stifte
- Dias zum Thema „Gefängnisse in unserer heutigen Lebenswelt" und Projektionstechnik
- Papiervögel als Zeichen der Freiheit (Geschenk am Ausgang)
- 2 Liturgen und Sprecher, die Texte lesen
- 4 Pantomimen

Ablauf des Gottesdienstes

Gefangensein ist schrecklich

EINGANGSMUSIK
(dabei wird die Mauer vor die Tür geschoben)

Vor der Begrüßung ist ein schallender Beckenschlag vom Eingang zu hören. Die Besucher werden sich umdrehen und sehen, dass die stilisierte Mauer die Tür verschlossen hat.

BEGRÜSSUNG

Liebe Mitgefangene!

(Pause)

So beginnen einige Briefe in der Bibel. Nicht als Gag, sondern, weil Paulus sie im Gefängnis geschrieben hat. Aus diesem Gedanken, „im Gefängnis zu sein" sollt Ihr in diesem Gottesdienst nicht wieder raus kommen. Deshalb sind wir hier im Pianokellerverlies. Deshalb feiern wir Gottesdienst zu diesem Thema. Aber: Wir feiern diesen Gottesdienst auch, wie immer, im Namen des Vaters, des Sohnes und des Heiligen Geistes. Amen.

LIED

Ich bin bei Euch alle Tage (Singt von Hoffnung 94)

LESUNG

Apg 16,23–24

Text 1

Wir leben in einem freien Land. Wir sind erwachsen und treffen unsere eigenen, freien Entscheidungen. Und doch sind wir in unserer Freiheit auch Gefangene. Gefangene der Regeln, mit denen wir leben wollen oder müssen, Gefangene unserer eigenen Entscheidungen, unserer Gewohnheiten, unserer Ängste und Selbstzweifel.

Auch wer noch nie in einem wirklichen Gefängnis gesessen hat, trägt in sich eine Vorstellung davon, was Gefangensein bedeutet: Einsamkeit, Enge, wollen und nicht können, Ausweglosigkeit. Denn in irgendeiner Form war wohl fast jeder von uns schon mal gefangen:

Gefangen im Alltag, der – minutiös durchgeplant – keine Freiheit für spontane Entscheidungen und Kreativität mehr bietet, weißt Du kaum noch, wer Du bist.

Gefangen im eigenen Körper, der Dir nicht gefällt oder der das nicht mitmacht, was Du gern möchtest, ziehst Du Dich von anderen zurück.

Gefangen in der Angst, nicht gut genug zu sein, etwas falsch zu machen, Dich der Lächerlichkeit preiszugeben, bist Du auf einmal nicht mehr Du selbst und verstummst.

Ihr kennt sicher noch mehr solche Situationen und möglicherweise befindet Ihr Euch gerade in einer. Schreibt Euer eigenes Gefängnis auf den Zettel, den Ihr auf Eurem Platz gefunden habt. Euer Gefängnis soll zum Stein in der Mauer an der Tür werden.

AKTION

Als eigene Gefängnisse erlebte Bereiche des Lebens werden stichwortartig aufgeschrieben und an die Mauer geheftet.

LESUNG

Apg 16,23–24

Text 2
Gefangen –
Eingesperrt in Dunkel und Einsamkeit.
Schlüssel im Schloss gedreht.
Riegel vorgeschoben.
Festgesetzt: Das Leben hält an.

Gedanken drehen sich immer schneller im Kreis.
Seelensaiten zum Zerreißen gespannt.
Der Bewegungslosigkeit ausgesetzt wird klar:
Nichts geht mehr.

Die unsichtbaren Wände rücken näher.
Das monotone Lachen des Wärters vor der Tür lässt alles erfrieren.

Einzige Hoffnung: die Kraft der Verzweifelung,
Die vier Worten sphärische Macht gibt:
Ich will hier raus.

Gefangensein ist Sicherheit

Text 3
Gefangen –
abgeschottet, abgegrenzt, geschützt
geschützt vor denen da draußen
geschützt vor der Last der Verantwortung
geschützt vor falschen Worten, falschen Taten
geschützt vor bedrohlicher Freiheit
nicht erreichbar
nicht angreifbar
nicht verletzbar
in Sicherheit

PANTOMIME
Jemand versucht die drei Affen, die nichts sehen, nichts hören, nichts sagen wollen, aus diesem selbst gewählten Gefängnis herauszuholen, scheitert aber. Die Affen nehmen die alte Pose immer wieder ein.

MUSIK

GEBET
Lasst uns beten und einstimmen in das ‚Herr, erbarme Dich‘:

Herr, unser Gott, wir leben in einem freien Land und trotzdem fühlen wir oft, wie unfrei wir sind. Wir wehren uns dagegen. Oft nützt es nichts. Wir kommen von den alten Gewohnheiten nicht los. Wir haben uns verstrickt in den Familienmustern. Wir kommen aus unserer Haut nicht raus.

Wir rufen zu Dir: Herr, erbarme Dich.

Wir haben uns eingerichtet in unserer Welt. In den gewohnten Gedanken, in den angenehmen Gefühlen, in den netten Worten, in unseren festgelegten Taten. Wir erleben das nicht nur als Gefängnis. Wir haben es warm. Es herrscht Ordnung. Man weiß, wo es langgeht. Und wo nicht. Wir müssen nicht immer selbst denken. Wir sind nicht immer selbst verantwortlich. Wir entdecken das Schöne mitten im Festgelegten.

Wir rufen zu Dir: Herr, erbarme Dich.

Wir haben uns festgemacht. Wir stehen im Block. Wir reden im Block. Wir denken im Block. Nähre in uns die Sehnsucht nach Freiheit. Halte den Traum vom Tageslicht unter uns wach. Stachel uns an mit den Geschichten der Befreiung durch Dich.

Wir rufen zu Dir: Herr, erbarme Dich.

LIED
Noch male ich schwarz (siehe Anhang)

Gefangen und frei als jeweils ambivalente Erfahrungen

PREDIGT

Liebe Freunde und Mitgefangene, habt Ihr schon gehört:

WENN ALLES AUF DEM KOPF STEHT
Da sitzen zwei im Gefängnis … und singen.
Da waten vier in der Gaststube des neu eröffneten Weinlokals an der Elbe am bereits unter Wasser stehenden Klavier vorbei … und holen Sekt.
Da sind zwei Kinder mit auf der Beerdigung und … noch auf dem Friedhof fangen sie an, mit ihren Händen Kasperletheater zu spielen.
Und dort: Im Zug von Magdeburg nach Dresden, da quatscht Aissa aus Kamerun den Skinhead im leeren Zugabteil an … und der ist auch noch nett.

Was ist hier los? Alles in Ordnung? Nichts ist in Ordnung.
Alles gut? Nicht alles gut!
Es ist Mitternacht.
Im Gefängnis.
Es ist Mitternacht während der Flut 2002,
Auf dem Friedhof,
im Zugabteil im ausländerfeindlichen Deutschland.

Es ist Mitternacht und das heißt:
Es ist dunkel, es ist kalt, es ist aussichtslos.
Die Füße stehen im Block. Das Klavier steht unter Wasser. Ein wunderbarer Mensch ist gestorben. Die Afrikanerin hat Angst.
Es ist Mitternacht. Und Mitternacht ist der dunkelste Punkt des Tages.
Oder ist es gar kein Punkt, sondern ein Zwischenraum, ein unmerkbarer Spalt, eine Ritze, ein Riss nicht an einem, sondern zwischen zwei Tagen!
Die Afrikanerin hat ihn entdeckt.
Die Kinder auf dem Friedhof führen ihn auf.
Die vier mit der Sektflasche feiern ihn.
Paulus und Silas singen ihn größer
… den Anbruch eines neuen Tages, den Anfang eines Festes, den Beginn einer Befreiung, den Riss in der Mauer.
Das alles ist Mitternacht. Klingt es nicht wunderbar! Aber, wo ist eigentlich die Angst, die wir aus unseren Nächten kennen?

WIE SICH DIE ANGST VERSTECKT

Von Paulus und Silas wird nicht erzählt, dass sie Angst hatten. Vielleicht hatten sie wirklich keine, oder Lukas hat es später vergessen, aufzuschreiben. (Kommt ja auch nicht so gut, wenn die Helden Angst haben.) Oder unser Blick soll gar nicht auf den Helden der Nacht ruhen, sondern auf dem, der wie Du und ich, die Angst kennt, wenn es Nacht ist.
Da ist ja noch einer! Und der zeigt uns die Angst.
Wer ist dieser Kerkermeister? Ich erfahre wenig von ihm. Da hat meine Phantasie viel Platz:
Vielleicht wollte er in seinem Leben etwas Besonderes machen, weil er gespürt hat, dass er etwas Besonderes ist.
Und dann hat er sich vorgestellt, dass er einen besonderen Beruf erlernen wird. Und dass er diesen Beruf besonders gut macht. Und einen besonderen Menschen trifft und heiratet, ein besonderer Vater wird und besondere Freunde hat.
Vielleicht hatte er wirklich seine besonderen Vorstellungen vom Leben, so wie Ihr.
Und dann hat er eines Tages gemerkt, dass er für die anderen gar nicht so etwas Besonderes ist. Und dann hat er vermutlich nicht gemerkt, dass sich etwas einschleicht in sein Leben.
Nämlich die Erfahrung, dass es auch ohne diese Träume geht und ohne Feuer, ohne Herz, ohne was zu wollen, ohne Anecken …
Und dann: Ist er ein pflichtbewusster Beamter geworden. Und Ehemann und Vater und Freund und 2000 Jahre später Student …
Und hat das bestimmt wirklich gut gemacht.
Und sich damit abgefunden, seine Pflicht zu tun.
Und wer seine Pflicht tut, hat seine Vorschriften.
Und wer seine Vorschriften hat, braucht nicht groß nachzudenken.

Und wer nicht nachdenkt, stellt keine Fragen.
Und dann geht alles seinen Gang: z.B. so: Als er den Befehl empfangen hatte, legte er sie in das innere Gefängnis und legte ihre Füße in den Block.

Der Kerkermeister ist Teil des Gefängnisses. Er hat hier seinen festen Platz. Von hier bezieht er sein Einkommen, seine Identität. Hier ist sein Zuhause. Hier orientiert er sich. Hier findet er Schlaf.

DREI WUNDER IN EINER NACHT
Und dann passiert *ein Wunder*. Sagen wir!
Für ihn ist es eine Katastrophe.
Für ihn ist es eine Katastrophe, dass die Grundmauern wanken und alle Türen aufspringen.
Es ist seine ganze Welt, die erschüttert wird. Für ihn ist es das Ende.

Aber dann ruft einer das befreiende Wort: „Tu Dir nichts an, denn wir sind alle hier!"
Erst in diesem Satz kommt seine Not ans Tageslicht:
Niemand ist freiwillig bei ihm. Seine Kontakte laufen über Macht. Vielleicht verschleiert er mit der Macht, die er hat, seine Bedeutungslosigkeit? (René Girard)
Aber zum Glück:
Das hat niemand gesehen. Das hat niemand gemerkt. Darüber hat bisher niemand nachgedacht.
Erst jetzt, als alles ins Wanken kommt, tritt es ans Licht.
Erst jetzt fange ich an, ihn zu begreifen und ich frage: Wo findet dieses Erdbeben statt, von dem hier die Rede ist?
Damals im Gefängnis von Philippi?
Heute, zwischen uns? Im Alltag unserer Freundschaften, Familien und Gruppen, … in der ESG?
Auch in Deinem Inneren?
Ich kenne jedenfalls die Selbstzweifel, die hier plötzlich sichtbar werden:
Wenn der andere könnte, wie er wollte …
Vielleicht meint er gar nicht mich, sondern nur mein Geld, meine Position, meinen Körper … Vielleicht macht er das alles nur, weil …

Wie komme ich aus dem Gefängnis meines Selbstzweifels heraus?
Wenn Du Dir einen Vers herauspickst, klingt alles ganz einfach: Glaube an den Herrn Jesus, so wirst Du und Dein Haus selig.
Aber die Geschichte erzählt einen Weg. Und dieser Weg des Kerkermeisters ist das *zweite Wunder,* das hier erzählt wird. Und lasst Euch nicht täuschen. Diese paar Verse sind ein schwerer, langer Weg. Die wirklichen Wunder brauchen ihre Zeit. Auch in Deinem Leben. Wunder sind fast immer ein Prozess.

Beim Kerkermeister ist es so:

Es beginnt mit dem Erschrecken.

Und dann geht er hinein und schaut sich alles an, was ihm bisher Sicherheit geboten hat und was man allgemein „Gefängnis" nennt.

Und dann findet er mitten in der Nacht, mitten an dem Ort der Gefangenschaft Freiheit.

Und er glaubt, jetzt muss er der neue Gefangene sein und fällt vor den Füßen nieder, die im Block waren.

Das ist *das dritte Wunder*, von dem hier erzählt wird. Das kenne ich auch und dabei werden mir bis heute die Knie weich. Das Wunder ist, dass es Menschen gibt, die Deine Machtlosigkeit nicht ausnutzen. Und: Nachdem Du diesem Menschen Deine Machtlosigkeit, Deine Zerbrechlichkeit, Deine Zweifel und Deine Angst gezeigt hast, bist Du nicht sein Gefangener, sondern frei. Das macht Dich neugierig wie den Kerkermeister. Von dieser Freiheit willst Du mehr.

Es ist kein Zufall, dass diese Menschen Christen sind.

Denn hinter der Freiheit steckt und versteckt sich Glaube. Und auch dieser Glaube ist nicht das Ziel, denn dann wären wir ja immer noch bei uns, also allein. Unser Glaube ist der Weg. Das Ziel auf dem Glaubensweg der Freiheit aber heißt Christus.

Na endlich. Jetzt kommt er auf den Punkt, denkt Ihr.

Nichts da. Wenn Ihr denkt, dass Ihr es damit geschafft habt, hört Ihr mitten in der Geschichte auf. Dabei geht es jetzt erst richtig los.

Diese Freiheit ist nämlich wahnsinnig anstrengend. Bei dem christlichen „Kerkermeister" zeigt sich das so:

„Und er nahm sie zu sich in derselben Stunde der Nacht und wusch ihnen die Striemen.

Und er ließ sich und die Seinen alle sogleich taufen.

Und führte sie in sein Haus und deckte ihnen den Tisch und freute sich mit seinem ganzen Haus, dass er zum Glauben an Gott gekommen war."

Der Neue probiert sich aus in Gastfreundschaft, im Dienen, Sich-Einfügen, in Hausarbeit („Es werden am Dienstag noch zwei für den Abwasch gesucht.") und Sich-Freuen-Lernen.

Ich glaube, der Ehrlichkeit halber, sollte man hinzufügen: Es gibt auch eine Menge Ärger als Christ. Der Leitspruch der Quäker bringt es auf den Punkt, was Christsein bedeutet: To be absolutely fearless, immensely happy and always in trouble.

Hier, in der Apostelgeschichte, steht nichts von Ärger. Vielleicht gab es wirklich keinen für den Kerkermeister, oder Lukas hat es später vergessen aufzuschreiben. Kommt ja auch nicht so gut, wenn die Werbung Ärger verspricht. Kauft ja dann keiner das Zeug.

Oder unser Blick soll noch einmal weg, weg von der Frage nach einem leichten, schönen Leben und dem Abwägen von Kosten und Nutzen und ob es Arbeit macht und ob es wenig Ärger bringt.

Vielleicht kannst Du im Leben überhaupt nur zwischen den verschiedenen Formen des Ärgers wählen:

Welchen Ärger willst Du?

Den Ärger der Nacht oder den des Lichts?

Welchen Ärger willst Du?

Den Ärger, wenn Dich Andere mit ihrem Welt- und Gottesbild erschüttern oder den, der kommt, wenn Du Dich eingerichtet hast und Dich nichts mehr bewegt?

Welchen Ärger willst Du?

Den Ärger, den Umweltschützer haben oder den, den wir alle bekommen, wenn die Umwelt versaut ist?

Welchen Ärger willst Du?

Den Ärger derer, die in der Nacht, nach 22.00 Uhr!, fröhlichen Gesang aus der Nachbarzelle Liebigstraße 30 hören, die also dort wohnen? Oder den Ärger deren, die singen?

MANCHMAL STEHT WIRKLICH ALLES AUF DEM KOPF.

Die Apostelgeschichte behauptet:

Manchmal steht wirklich alles auf dem Kopf.

Da sitzen zwei im Gefängnis … und singen.

Da waten vier durchs Hochwasser … und holen Sekt.

Da spielen zwei Kinder auf dem Friedhof Kasperletheater.

Aissa quatscht den Skinhead an.

Und ein Kerkermeister wird frei.

Manchmal steht wirklich alles auf dem Kopf.

Das denken manchmal auch die Affen. Nicht nur die Affen vorhin (Pantomime), die nichts sehen und nichts hören und nichts sagen wollten. Das denkt auch der Affe im Dresdner Zoo, der sich mit den Füßen am Baum festhält und die Leute beobachtet: Ob alles auf dem Kopf steht und ob man sich zum Affen macht, hängt davon ab, wo man die Füße hat und von welcher Seite man durch die Gitterstäbe schaut.

Amen.

DIAS

Bilder zum Thema „Gefängnisse unseres Alltags" werden zu Musik an die Wand projiziert.

ABENDMAHL

FÜRBITTENGEBET

Lasst uns Fürbitte halten. Dazu stimmen wir in das Kyrie ein (EG 178.9).

Wir bitten Dich für alle, die sich selbst eingesperrt haben in ihren Ängsten und Selbstzweifeln. Lass ihnen bewusst werden, welche Gaben Du ihnen geschenkt hast. Zeig ihnen, welche Kraft in ihnen steckt und was sie aus ihrem Leben machen können.

Wir rufen gemeinsam zu Dir: Kyrie ...

Wir bitten Dich für alle, die in festgefahrenen, rückwärts gewandten Strukturen unfreiwillig eingebunden sind. Hilf ihnen, einen guten Weg zu einem menschlicheren Miteinander zu finden.

Wir rufen gemeinsam zu Dir: Kyrie ...

Wir bitten Dich für alle, die ihre Beziehung, ihre Ehe, ihre Familie als Gefängnis empfinden. Hilf ihnen, sich Freiräume zu schaffen und aus diesen Kraft für einen neuen Anfang zu gewinnen.

Wir rufen gemeinsam zu Dir: Kyrie ...

Wir bitten Dich für alle politischen Gefangenen. Lass ihnen Gerechtigkeit widerfahren.

Wir rufen gemeinsam zu Dir: Kyrie ...

Wir bitten Dich für die Arbeitslosen in unserem Land. Lass sie nicht mutlos werden und verzweifeln. Gib ihnen das Gefühl, gebraucht zu werden und die Zuversicht, dass sich alles ändern wird.

Wir rufen gemeinsam zu Dir: Kyrie ...

GLAUBENSLIED
EG 780

Als Gefangene frei sein

SEGEN *(für drei Sprecher)*
Die Gemeinde erhebt sich.

Sprecher 1
Wenn Du in diese Nacht gehst:

Sprecher 2
Gott schenkt Dir eine Seele, die singt.

Sprecher 1
Wenn Du Dich gefangen weißt:

Sprecher 3
Gott schenkt Dir die Gewissheit, dass Du auch dort frei sein kannst.

Sprecher 1
Wenn Deine Welt erschüttert wird und Du Angst hast:

Sprecher 2
Gott führt Dich hindurch und lässt alle Fesseln, auch von Deinen Füßen, abfallen.

Sprecher 1
Wenn Du die Freiheit erlebst:

Sprecher 3
Gott hält Dich zurück, wenn Dir schwindlig wird und Du Dich zurück wünschst.

Sprecher 1
Wenn Dir Andere ihre Machtlosigkeit zeigen:

Sprecher 2
Gott macht Dich großzügig, dass Du ihre Zerbrechlichkeit schützen kannst.

Sprecher 1
Wenn Du gegen Mauern rennst:

Sprecher 3
Gott lässt Dich abwarten, bis er sie ins Wanken bringt.

Sprecher 1
Wenn Du eine Mauer vor Dir hast, die von Dir überwunden werden muss:

Sprecher 2
Gott schenkt Dir, bevor es Morgen wird, Flügel, um in die Freiheit auf-zubrechen.

Sprecher 1
So segne und beflügle Dich der allmächtige und barmherzige Gott.

Sprecher 2
Der die Freiheit ist,

Sprecher 3
die Freiheit schenkt,

Sprecher 1
und will, dass Du seine Freiheit lebst. Amen.

Mauer dreht sich um 90 Grad.

MUSIK

Titelmusik Olsenbande (Banjo/Klavier)

AUSGANG

Am Ausgang werden Papierkraniche verteilt.

8. Genialität

Bibelstelle:
Die Verklärung Jesu (Mk 9,2–10)

Hintergrund

Entstehungsgeschichte

Am Ende des Herbstsemesters 2007/08 schauten wir erstaunt auf viele wunderbare Erlebnisse und geniale Begegnungen zurück. Eine Diskussion um die Frage, was Menschen inspiriert, wie Ideen, Gedankenblitze, Bauchgefühle oder Träume das Leben bereichern und ändern, ließ das Thema des Abschlussgottesdienstes in unserer Gruppe wachsen.

Dramaturgische Struktur

Die Themenentfaltung wurde klassisch in drei Aspekte geteilt. Teil 1 beschreibt die für uns ganz normale Genialität der Schöpfung. Als Beispiel für alltägliche Genialität dient die menschliche Kommunikation. Teil 2 widmet sich dem Aspekt von Gottes spürbarem Eingreifen in die Schöpfung. Dieser Teil handelt von Prophetie, Träumen und Begeisterung. Teil 3 weist auf geniale Menschen hin, deren Kreativität sie schöpferisch tätig werden lässt. Das Besondere dieses Gottesdienstes im Blick auf die dramaturgische Liturgik liegt in der Scharnierfunktion der Zwischentexte und den Anfangs- und Schlussmoves der Predigt, die diese mit den einzelnen Themen verbinden.

Methodische Umsetzung

In dem klar aufgeteilten Gottesdienst sind auch die Methoden klar zugeordnet. *Drei Anspiele* setzen den ersten Teil um. *Lesung* und *Predigt* den zweiten. Eine *Bildershow* den dritten. *Drei „Ormtexte"* (Die Idee stammt von Walter Moers aus „Die Stadt der träumenden Bücher") sowie *Fürbittengebet*, *Segen* und Anfangs- und Schlussmotive der Predigt verbinden die thematischen Teile des Gottesdienstes.

Vorbereitung

- Eine Bild-Show mit berühmten Persönlichkeiten muss erstellt werden.
- Musik eines bedeutenden Komponisten muss ausgesucht werden.
- Die Technik zur Vorführung muss aufgebaut werden.
- Drei Anspiele müssen einstudiert werden (drei Szenen zu je zwei Personen).
- Lesung und Segen sind jeweils auf drei Personen aufgeteilt.

Ablauf des Gottesdienstes

Normalität: „Geniale Schöpfung"

MUSIK

BEGRÜSSUNG

LESUNG ORM I:

> Jeder kann reden und verstehen. Und es gibt Menschen, die reden aneinander vorbei und verstehen sich nicht. Und es gibt Menschen, die reden miteinander und verstehen sich. Und es gibt Menschen, die müssen nicht reden, um sich zu verstehen.

ANSPIEL

1. SZENE ANEINANDER VORBEIREDEN
2 Personen: männlich und weiblich, 1 weitere Person

> *Sie*
> Nie kannst Du den Müll runter bringen, wenn Du losgehst.
>
> *Er*
> Der Müll ist doch noch gar nicht voll!
>
> *Sie*
> Aber Du bist dran mit ausleeren! Immer wartest Du, wenn Du arbeiten musst.
>
> *Er*
> Das stimmt nicht! Letzte Woche habe ich den Müll runtergebracht.
>
> *Sie*
> Aber der Müll ist schon wieder voll! Merkst Du so was nicht von allein?
>
> *Er*
> Nein! Du bist viel zu pingelig!

3. Person
Jetzt hört doch mal auf mit Streiten! Worum geht es Dir eigentlich?

Sie
Nie hört er mir zu!

Er
Ständig muss sie rummeckern!

3. Person
Und worüber streitet Ihr eigentlich?

Sie
Er weigert sich, den Biomüll runterzuschaffen!

Er
Was? Ich dachte, Du redest vom Papiermüll!

2. SZENE: FUNKTIONIERENDE VERBALE KOMMUNIKATION
2 Personen

Person 1
Kannst Du nächste Woche den Andachtsraum für den Gemeindeabend vorbereiten?

Person 2
Nee, eigentlich bin ich Abendleiter.

Person 1
Aber ich muss nächste Woche länger arbeiten.

Person 2
Bis wann?

Person 1
Ich könnte ab halb acht da sein.

Person 2
Na dann lass uns doch einfach tauschen."

Person 1
Jippie!

3. SZENE: GEDANKENÜBERTRAGUNG
2 Personen

Person 1
sitzt schweigend am Tisch.

Person 2 *kommt hinzu uns sagt:*
Ich habe ein Problem. Wie soll ich das nur lösen?

Beide Personen sitzen schweigend und grüblerisch am Tisch und überlegen in der Stille, was die Lösung des Problems sein könnte. Keiner sagt etwas. Nach ca. 2 Minuten springt Person 2 plötzlich auf und sagt zu 1:

Person 2
Danke, das ist die Lösung! Darauf wäre ich selbst nie gekommen! Du hast mir sehr geholfen!"

LIED

Meine engen Grenzen (Durch Hohes und Tiefes 163)

Die Rede vom Eingreifen Gottes in die geniale Schöpfung

LESUNG ORM II

Jeder kann zuhören. Es gibt welche, die können der Welt zuhören – die nennt man Philosophen. Dann gibt es welche, die können den Menschen zuhören. Die nennt man Psychotherapeuten. Und dann gibt es noch welche, die können Gott zuhören – die nennt man Propheten.

LESUNG

Sprecher 1
Hört vom Eingreifen Gottes und vom Ergriffenwerden aus der Bibel.
Die Gemeinde erhebt sich.

So schreibt der Prophet Ezechiel (2,1+2):
Und er sprach zu mir: Du Menschenkind, tritt auf Deine Füße, so will ich mit Dir reden. Und als er so mit mir redete, kam Leben in mich und stellte mich auf meine Füße …

Sprecher 2
Und das berichtet Jeremia (1,4–6): Und des Herrn Wort geschah zu mir: Ich kannte Dich, ehe ich Dich im Mutterleibe bereitete, und sonderte Dich aus, ehe Du von der Mutter geboren wurdest, und bestellte Dich zum Propheten über die Völker. Ich aber sprach: Herr, ich tauge nicht zum predigen, denn ich bin zu jung.

Sprecher 3
Bei Jesaja lesen wir (6,1–5): In dem Jahr, als der König Usija starb, sah ich den Herrn sitzen auf einem hohen und erhabenen Thron und sein Saum füllte den Tempel. Serafim standen über ihm; und ein jeder hatte sechs Flügel; mit zweien deckten sie ihr Antlitz, mit zweien deckten sie ihre Füße und mit zweien flogen sie. Und einer rief zum anderen und sprach: Heilig, heilig, heilig ist der Herr Zebaoth, alle Lande sind seiner Ehre voll. Und die

Schwellen bebten von der Stimme ihres Rufens und das Haus wurde voll Rauch. Da sprach ich: Weh mir, ich vergehe! Denn ich bin unreiner Lippen und wohne unter einem Volk von unreinen Lippen; denn ich habe den König, den Herrn Zebaoth, gesehen mit meinen Augen.

Sprecher 1
Der Prophet Joel sagt voraus (3,1): Und nach diesen Tagen will ich meinen Geist ausgießen über alles Fleisch, und Eure Söhne und Töchter sollen weissagen und Eure Alten sollen Träume haben, und Eure Jünglinge sollen Gesichte sehen.

Die Sprecher treten gemeinsam einen Schritt nach vorn.

Sprecher 1
Hört das Evangelium nach Markus im 9. Kapitel (2–10):

Sprecher 2
Und nach sechs Tagen nahm Jesus mit sich Petrus, Jakobus und Johannes und führte sie auf einen hohen Berg, nur sie allein.

Sprecher 3
Und er wurde vor ihnen verklärt; und seine Kleider wurden hell und sehr weiß, wie sie kein Bleicher auf Erden so weiß machen kann. Und es erschien ihnen Elia mit Mose und sie redeten mit Jesus.

Sprecher 1
Und Petrus fing an und sprach zu Jesus: Rabbi, hier ist für uns gut sein. Wir wollen drei Hütten bauen, Dir eine, Mose eine und Elia eine. Er wusste aber nicht, was er redete, denn sie waren ganz verstört. Und es kam eine Wolke, die überschattete sie. Und eine Stimme geschah aus der Wolke: Das ist mein lieber Sohn; den sollt Ihr hören! Und auf einmal, als sie um sich blickten, sahen sie niemanden mehr bei sich als Jesus allein.

Sprecher 2
Als sie aber vom Berge hinab gingen, gebot ihnen Jesus, dass sie niemandem sagen sollten, was sie gesehen hatten, bis der Menschensohn auferstünde von den Toten. Und sie behielten das Wort und befragten sich untereinander: Was ist das, auferstehen von den Toten?

Die Sprecher treten gemeinsam wieder einen Schritt zurück.

Sprecher 3
Und die Apostelgeschichte berichtet (2,1–6.12–13): Und als der Pfingsttag gekommen war, waren sie alle an einem Ort beieinander. Und es geschah plötzlich ein Brausen vom Himmel und erfüllte das ganze Haus, in dem sie saßen. Und es erschienen ihnen Zungen, zerteilt wie von Feuer; und er setzte sich auf einen jeden von ihnen, und sie wurden alle erfüllt von dem Heiligen Geist. Und fingen an zu predigen in anderen Sprachen, wie der Geist

ihnen gab auszusprechen. ... Als nun dieses Brausen geschah, kam die Menge (aus der Stadt) zusammen und wurde bestürzt. Denn ein jeder hörte sie in seiner eigenen Sprache reden. ... Sie entsetzten sich aber alle und wurden ratlos und sprachen einer zu dem anderen: Was will das werden? Andere aber hatten ihren Spott und sprachen: Sie sind voll von süßem Wein.

LIED

Nähme ich Flügel der Morgenröte (Durch Hohes und Tiefes 267)

PREDIGT

Ihr Lieben, erinnert Euch an das zu Ende gehende Semester!

Manchmal, da drehten wir uns im Kreis, tappten wir im Dunkeln, standen wir wie der Ochs vorm neuen Tor, kamen nicht vom Fleck. Aber dann, auf einmal, stieg sie auf, die Erkenntnis, kam die Erleuchtung, fiel die Formel vom Himmel wie ein Stern in der Nacht. Manchmal redeten wir aneinander vorbei, erklärten uns voneinander weg, gruben den Graben nur tiefer; aber dann, ganz plötzlich, knisterte es unter den Füßen, stiegen wir herab von unserem Ross, fanden wir die Blume Wort im tiefen, grünen Verstehen und schenkten sie weg. Manchmal setzten wir über, ließen wir den anderen übersetzen an unser Ufer übersetzen wir uns ohne ein Wort.

Auch wenn das jetzt alles wie ein Geschenk und Wunder aussieht, haben wir doch viel dazu getan. Jetzt sind die Mühen der Ebenen vorbei! Jetzt geht es raus!

JETZT IST DIE ZEIT DER BERGE
für viele von Euch ist das Semesterende die Zeit der Berge.
Wer hat vor, in den Skiurlaub zu fahren? *(melden)*, Aber es gibt noch andere Berge! Wer steht vor dem Berg aus Büchern, die bis zu den Prüfungen noch gelesen werden sollen? *(melden)* Wer hängt gerade in einer Kletterspalte seiner Diplomarbeit oder Diss? *(melden)* Wer häuft gerade aus lauter Freude auf die vorlesungsfreie Zeit einen Berg an Vorhaben an, die bisher noch nicht geworden sind, aber nun endlich, am liebsten alle auf einmal, geschafft werden sollten? *(melden)*

VON DEN ZWEI BERGEN DER INSPIRATION UND EKSTASE
Auch wenn Du den Weg von einer bodenständiger Intuition über die Erhabenheit der Inspiration gehst und vielleicht sogar auf dem Gipfel der Ekstase ankommst, klingt das wie eine Bergbesteigung für mich. Intuition, Inspiration und Ekstase sind zwar „Geschenke des Himmels“. Du kannst aber doch etwas dafür tun. Du kannst Dich diesem Berg aussetzen. Die Gefühle zulassen, den Geist erwarten, dem Unterbewussten Freund sein, Einfällen wenigstens erlauben zu kommen. Deine Bereitschaft, mitzugehen, wird auf dem Gipfel mit Fähigkeiten verschmelzen, die Du nicht von

Dir kennst: Du wirst außer Dir sein, wunderbar verrückt, Dich grenzenlos fühlen, eine gigantische Ich-Erfahrung machen. Wenn die Bibel von solchen Erlebnissen erzählt, deutet sie das immer auf Gott. Menschen gehen auf den Berg Gottes, hören die Stimme Gottes und erleben den Einfall Gottes. Sie machen eine Gotteserfahrung. Die Erfahrungen sind ähnlich. Deren Deutung aber ist ein Bekenntnis: entweder zu unserer wunderbaren Welt oder zu unserem wunderbaren Gott. Wir begegnen der Schöpfung oder dem Schöpfer. Es sind zwei Berge: Der Berg der Gotteserfahrung und der Berg der entgrenzenden Ich-Erfahrung. Das finde ich wichtig zu wissen, sonst verlaufen wir uns. Allerdings: Die Berge stehen dicht beieinander, so-dass es von einer Bergspitze leicht zur anderen Funken sprühen kann. Lasst uns die nicht aus den Augen verlieren, die auf den Berg der Genies wandern. Es könnte morgen schon Euer Weg sein! Geht aber heute mit mir den Weg der Viergruppe nach, der bei Markus im 9. Kapitel beschrieben ist.

VON DER MÜHE DES AUFSTIEGES
„Und nach sechs Tagen nahm Jesus mit sich Petrus, Jakobus und Johannes und führte sie auf einen hohen Berg, nur sie allein." (Mk 9,2a) So kurz beschrieben, und doch ein langer Anmarsch. In Deinem Studienbuch eine einzige Zahl: WS 07/08. Im Leben der drei Jünger ein Weggehen aus ihrer Familie, ein Mitgehen und Zuhören, ein Zweifeln und Hoffen. Ein Staunen und Bangen. Manchmal ganz viele Menschen mit ihnen und jetzt: nur sie allein.

VON DER ENTGRENZUNG AUF DEM GIPFEL
„Und er wurde vor ihnen verklärt; und seine Kleider wurden hell und sehr weiß, wie sie kein Bleicher auf Erden so weiß machen kann. Und es erschien ihnen Elia mit Mose und sie redeten mit Jesus. Und es kam eine Wolke, die überschattete sie. Und eine Stimme geschah aus der Wolke: Das ist mein lieber Sohn; den sollt Ihr hören! Und auf einmal, als sie um sich blickten, sahen sie niemanden mehr bei sich als Jesus allein" (Mk 9,2b–4.7–8). Da liegt was in der Luft: Neugier, Erregung, Freude, und Angst. Und dann fällt es ihnen wie Schuppen von den Augen. Erde wird lauter Himmel. Die Jünger werden ergriffen und sind betroffen. Sie erleben sich über sich selbst hinaus. Ein Wissen von Leben überschattet sie, das nicht in ihren Kopf passt. Sie sind außer sich. Sie sehen, wer dieser Jesus von Nazareth wirklich ist. Die Stimme legt es für alle Generationen fest: „Das ist mein lieber Sohn; den sollt Ihr hören!" Das ist wunderbar. Da ist Glück. Gewissheit. Einklang. Es gibt keine Grenzen mehr … Aber noch mehr: Dieser Funkensatz wird überspringen: Diese Zusage Gottes ist auch über Dich gesprochen. Zur Taufe konnten es alle hören. Du bist mein Sohn. Du bist meine Tochter. So grenzenlos bist Du angenommen. So weit der Himmel reicht, bist Du sein Kind. Immer.

Aber da ist auch ein Schatten. Wenn es keine Grenzen mehr gibt, betrifft mich das voll und ganz. Bald wird es heißen: Ich will, dass Ihr gehört werdet. (Mk 6,11) Ihr seid meine Nachfolger. Stellvertreter. Vertrauensstudenten, Kirchvorsteher. „Wer Euch hört, der hört mich." (Lk 10,16)

VON DER STÖRUNG DES AUGENBLICKS

Was machen wir bei solchen Zusagen? Mir wird es in solchen Momenten des grenzenlosen Glücks immer Angst. Und was machen wir da, wenn wir Angst haben? Wir quatschen dazwischen! Im Film „American Beauty" ist es die Frau: Die Ehe droht auseinander zu fliegen. Plötzlich flammt die alte Liebe neu auf. Lester vergisst alles um sich herum, auch sein Bier in der Hand. Gleich wird er Carolyn innig küssen, wie am ersten Tag und sie werden verschmelzen und alles wird gut. Und sie: „Schatz ich habe das Sofa neu beziehen lassen. Mach keine Flecken." Einer quatscht immer dazwischen. Wann bist Du es das letzte Mal gewesen? Hier, auf dem Berg Gottes, ist es Petrus. Es wird nicht das einzige Mal bleiben. Er hält die Dichte nicht aus. Mit der Nachfolge ist es wie in der Kunst: 5% Inspiration und 95% Transpiration. Und Petrus fing an und sprach zu Jesus: „Rabbi, hier ist für uns gut sein. Wir wollen drei Hütten bauen, Dir eine Mose eine und Elia eine. Er wusste aber nicht, was er redete, denn sie waren ganz verstört"(Mk 9,5–6). Einer quatscht immer dazwischen. Das Geschehen ignoriert diese pragmatische Idee wie eine gefährliche Störung des heiligen Augenblicks. Wenn Du Dich nach etwas für immer sehnst, was gerade punktuell stattfindet, geht es umso schneller vorbei. Petrus verkörpert hier zwei Gefahren, die im überschwänglichen Glück beim anderen lauern, auch im Glauben.

Die äußere Gefahr: Es wird Ärger geben, wenn wir von Gott inspiriert sind. Niemand wird uns glauben. Wir werden verlacht werden. Man wird uns Alkohol unterstellen oder Unzurechnungsfähigkeit. „Tickst Du noch richtig?" „Wie konntest Du Dich mit dem einlassen?"

Die innere Gefahr: Wir werten die eigene Welt ab. Wir wollen nicht mehr zurück in den Alltag, der auch Unglaube ist. Nicht mehr zurück in die Welt, die auch gottlos ist. Nicht mehr zurück in unsere Beziehung, die auch Missverstehen und Aneinandervorbeireden ist. Und: Wir wollen vor allem nicht zurück zu dem eigenen Ich, das auch Unvollkommenheit ist. Wer ganz auf Gott vertraut, drückt sich manchmal um sich selber. Aber dieser Christus lässt das nicht zu. Er spaltet die Welt nicht von Gott ab. Er gehört nicht nur in den Himmel. Er geht wieder runter. Er will, dass auch Du immer wieder runter kommst.

VOM WUNDER DES ABSTIEGES

„Als sie aber vom Berge hinab gingen …" (Mk 9,9a). Da bin ich aber froh, dass die vier wieder vom Berg runter kommen! Glauben will nämlich nicht nur begeistert erlebt, sondern auch gestaltet werden. Unser Gottesglück ist wie Kuchenteig. Er schmeckt grenzenlos, aber er braucht eine Form, sonst kann er nicht gebacken werden. Du bist grenzenlos als Kind, aber Du brauchst eine feste Gruppe, die Dich erwachsen werden lässt. Und Erwachsenwerden heißt auch: Grenzen begreifen. Steckt die Grenzen nicht zu eng;

wandere nicht in eine Sekte ab. Reiß die Grenzen aber auch nicht alle nieder: Bleib in Deiner Kirche, auf dem Boden, auf dem Boden der Tatsachen. Und wenn Ihr die trefft, die von dem anderen Berg absteigen, dem Berg der Genies, auf dem sie Einfälle hatten ohne Ende und inspiriert wurden oder sich unsterblich verliebt haben, werden sie Ähnliches erzählen: Liebe fließt grenzenlos, aber sie will irgendwann ein Gefäß, sonst verliert sie sich in Schwärmerei und verläuft sich. Die Musik die Du im Kopf hast, braucht Notenpapier, sonst gibt es die Symphonie nicht. Die gigantische Einfälle für die Examensarbeit musst Du dem Prof erzählen.

WAS SCHON LÄNGST GESCHRIEBEN STEHT – LYRISCHE ZUSAMMENFASSUNG
„Als sie aber vom Berge hinab gingen, gebot ihnen Jesus, dass sie niemandem sagen sollten, was sie gesehen hatten. Bis der Menschensohn auferstünde von den Toten. Und sie behielten das Wort und befragten sich untereinander: Was ist das, auferstehen von den Toten?"(Mk 9,9–10) Komisch. Es ist gerade passiert und die Jünger befragen sich, was es sein könnte. Sie haben es noch nicht begriffen. Und wenn sie es begriffen haben, wird es wie vergangen und zukünftig klingen; fremd und weit weg, wie für uns jetzt. Dabei steht es geschrieben, weil es jetzt ist.

Es steht geschrieben, dass wir Aufgestiegene sind.
Es steht geschrieben in unseren Waden
mit Schweiß geschrieben auf unserer Stirn.

Es steht geschrieben, dass wir verrückt wurden,
ins rechte Licht gerückt
von dem, der alles verrücken kann.

Es steht geschrieben, dass wir verrückt sind,
in den Anklageschriften unserer Eltern, Partner und Freunde:
Das glaubst Du doch selbst nicht!
Das kannst Du doch nicht machen!
Komm mal wieder runter!
Ruh Dich aus!
Trink was!

Es steht geschrieben, dass wir verrückt werden,
weil er verrückt wurde
und
weil es geschrieben steht
in unseren Augen.

Amen.

LIED
Froh gelaunt (siehe Anhang)

GLAUBENSBEKENNTNIS

ABENDMAHL

LIED
Gott gab uns Atem (EG 432)

FÜRBITTEN
3 Sprecher

Sprecher 1
Lasst uns beten und gemeinsam in das Kyrie eleison einstimmen.
Wir singen: Kyrie eleison (EG 178.9)

Schöpfer der Welt, Du hast uns und unsere Umwelt perfekt geschaffen. Aus
Kleingläubigkeit, Trotz und Verzweiflung machen wir uns und andere
immer wieder kaputt. Wir bitten, gib uns die Kraft, den Mut und die Hoffnung, immer wieder Deine Genialität in unserer Welt zu suchen, auch
wenn uns alles so banal vorkommt. Wir singen: Kyrie eleison …

Sprecher 2
Herr, der Du Propheten berufst, wir bitten um Dein Wort. Oft machen wir
selbst so viel Lärm, dass wir Dich nicht mehr hören können. Schenke uns
die innere Ruhe, die wir brauchen, um auf Dinge außerhalb unseres Egos
hören zu können. Wir singen: Kyrie eleison …

Sprecher 3
Herr, Du Friedefürst, wie oft entstehen Feindschaften nur durch Missver-
ständnisse. Wir bitten Dich um die Friedfertigkeit und Geduld, erst noch
einmal nachzufragen, bevor wir etwas nie mehr verzeihen. Gib uns die
richtigen Worte, dass wir nicht aneinander vorbei reden. Wir singen: Kyrie
eleison …

Sprecher 1
Genialer Gott, Du gabst uns Talente. Wir bitten Dich, gib uns auch die
Möglichkeit, unsere Talente zu entwickeln und andere zu fördern, wo wir
können. Wir singen: Kyrie eleison …

Sprecher 2
Gott, Du bist für alle da. Wir bitten, gib uns die Fähigkeit, auf andere zuzu-
gehen, so wie Du auf die Hilfesuchenden zugegangen bist. Es ist Dein
Wort, das allen helfen kann. Lass uns nicht verstummen, wenn das Ge-
spräch auf Dich kommt, sondern als Deine Jünger in dieser Welt auftreten.
Wir singen: Kyrie eleison …

Sprecher 3

Herr, der Du allen zuhörst, wir bitten für die, die nicht reden können, weil sie niemanden haben, der ihnen zuhört. Für die, die von ihren Problemen so erstickt werden, dass sie nicht mehr um Hilfe rufen können. Für die, die unverstanden sind. Gib ihnen jemanden, der ihnen zuhört und sie versteht. Wir singen: Kyrie eleison … Amen.

Der geniale Mensch (Kreativität und Gedankenblitze in der Schöpfung)

LESUNG ORM III

Jeder kann schreiben. Es gibt welche, die können ein bisschen besser schreiben als die anderen – die nennt man Schriftsteller. Dann gibt es welche, die besser schreiben können als die Schriftsteller. Die nennt man Dichter. Und dann gibt es noch Dichter, die besser schreiben können als andere Dichter. Für die hat man noch keinen Namen gefunden. Es sind diejenigen, die einen Zugang zum Orm haben. Die kreative Dichte des Orms ist unermesslich. Es ist ein Quell der Inspiration, der nie versiegt – wenn man weiß, wie man dorthin gelangt.

Es gibt einige Dichter, die das Orm erreichen. Das ist schon ein großes Privileg. Aber die wenigsten von ihnen beherrschen das Alphabet der Sterne. Das sind die Auserwählten. Wenn Du es beherrschst, dann kannst Du, wenn Du zum Orm gelangst, dort mit allen künstlerischen Kräften des Universums kommunizieren. Dinge lernen, von denen Du im Traum nicht glauben würdest, dass es sie gibt.

BILDERSHOW

Ohne Kommentar werden Bilder berühmter, genialer Menschen gezeigt und mit genialer Musik (z.B. Mozarts Requiem) untermalt. Am Ende haben die Vertrauensstudenten auch Bilder von sich untergeschoben. Dadurch entsteht der witzige Impuls, Genialität nicht nur bei Anderen zu suchen, sondern bei sich selbst zu entdecken.

SEGEN AM SEMESTERSCHLUSS

Geht aus diesem Gottesdienst und aus diesen Vorlesungswochen mit dem Mut derer, die auf den Gipfel wollen.

Geht mit dem Schwung der Gewissheit, dass etwas Außergewöhnliches auf Euch wartet.

Geht mit dem Vertrauen, dass Ihr dort ankommt, wo Ihr hingehört.

Steht auf zum Segen!

Die Gemeinde erhebt sich.

Geht hinauf auf den Berg Eures Lebens.
Ihr geht mit Christus.
Überschreitet die Grenzen, die Euch gesetzt sind.
Ihr taucht ein in die Begeisterung Gottes.
Und kommt wieder unten an, auf dem Boden der Tatsachen.
Ihr kommt an mit dem Heiligen Geist, der in Euch wohnt.

So segne und behüte Euch
Gott der Allmächtige und Barmherzige,
der Vater und der Sohn und der Heilige Geist.

Amen.

MUSIK

9. Geschwister

Bibeltext:
Mose, Aaron und Mirjam (Num 12)

Predigtthema: Neid

Hintergrund

Entstehungsgeschichte

Ab und zu tauchte das Thema „Geschwister" im Sommersemester 2008 bei der Themensuche für die Gottesdienste auf. Immer wurde es aufgeschoben. Bis zum Schluss.

Dramaturgische Struktur

Der Gottesdienstbesucher wird angeregt, sich die eigene Situation zum Thema „Geschwister" auf dem Hintergrund einer biblischen Geschwisterkonstellation bewusst zu machen. Der Aspekt des Umgangs mit Neid zwischen Geschwistern ist dabei ein Schwerpunkt des Gottesdienstes. Das Besondere dieses Gottesdienstes im Blick auf die dramaturgische Liturgik liegt im Verwobensein der biblischen Figuren mit den Spielern: parallel zur Lesung, zeigt eine Pantomime die Geschwisterkonstellation auf. Vorangehende Monologe stellen die biblischen Personen vor; persönlichen Statements der Spieler schließen die Lesung ab. Der Gottesdienstbesucher ist angestoßen, selbst zwischen fremder und eigener Geschwistergeschichte zu wandern.

Methodische Umsetzung

Mit kurzen Geschwistertexten aus bekannten *Märchen* stimmen wir die Gemeinde ein. Der Lesung voran gehen *drei Monologe* der einzelnen Geschwisterkinder Mirjam, Mose und Aaron. Damit sollen die biblischen Geschwister als eigenständige Personen herausgehoben werden. Erst beim Ausarbeiten der Predigt wird deutlich, dass die Geschwisterkonstellation auch während der Lesung stark präsent sein muss. Wir entscheiden uns für eine *Pantomime parallel zur Lesung,* die die Beziehungen von Mose, Aaron und Mirjam in den einzelnen Versen von Numeri 12 ausdrückt. Nach der Lesung „frieren" die Pantomimen ein, gehen einzeln aus ihren biblischen Rollen heraus und reflektieren kurz die Lesung aus ihrer *eigenen, persönlichen Geschwistersicht*. Damit soll die Reflexion der Gottesdienstbesucher über die jeweils eigene Geschwisterrolle angeregt werden. Das *Gebet* nutzt die Geschwisterthematik und öffnet sie über die eigene Familie hinaus im Blick auf Glaubensgeschwister. Die Abendmahlsliturgie greift bewusst sehr sparsam das selbstgewählte Gottesdienstthema auf. Im *Segen* kommt das Thema als Antineidzusage noch einmal zum Klingen.

Vorbereitung

- 3 Personen lernen Geschwistertexte und üben Pantomimen ein.
- Benötigt werden Attribute (z.B. Tuch, Gürtel, Kopftuch), um die Geschwisterrollen zu verdeutlichen.
- Je ein persönliches Statement zur eigenen Geschwisterkonstellation sind von den Spielern und dem Lektor vorzubereiten.

Ablauf des Gottesdienstes

MUSIK

Einstimmung in das Thema

TEXTCOLLAGE MÄRCHENPASSAGEN
    gelesen aus vier Ecken des Raumes

    1. Leser
    Nun weinte das Schwesterchen über das arme Brüderchen, und das Rehchen weinte auch und saß so traurig neben ihm. Da sprach das Mädchen endlich: „Sei still, liebes Rehchen, ich will Dich ja nimmermehr verlassen."

    2. Leser
    „Heda, Gretel", rief sie dem Mädchen zu, „sei flink und trag Wasser! Hänsel mag fett oder mager sein, morgen will ich ihn schlachten und kochen." Ach, wie jammerte da das arme Schwesterchen, als es das Wasser tragen musste, und wie flossen ihm die Tränen über die Backen herunter! „Lieber Gott, hilf uns doch", rief sie aus, „Hätten uns nur die wilden Tiere im Wald gefressen, so wären wir doch zusammen gestorben!"

3. Leser

Da ging eine schlimme Zeit für das arme Stiefkind an. „Soll die dumme Gans bei uns in der Stube sitzen?" sprachen sie, „wer Brot essen will, muss verdienen: hinaus mit der Küchenmagd!" Sie nahmen ihm seine schönen Kleider weg, zogen ihm einen grauen, alten Kittel an und gaben ihm hölzerne Schuhe.

4. Leser

Die beiden Kinder hatten einander so lieb, dass sie sich immer an den Händen fassten, sooft sie zusammen ausgingen und wenn Schneeweißchen sagte: „Wir wollen uns nicht verlassen", so antwortete Rosenrot: „Solange wir leben nicht".

MUSIK

BEGRÜSSUNG

LIED

Wo Zwei oder Drei (siehe Anhang)

Geschwister sind eigene Personen

ANSPIEL

Monologe der drei biblischen Figuren (Rollenandeutung durch Attribute: z.B. Tuch, Gürtel, Kopftuch)

Mirjam

Meine beiden kleinen Brüder sind manchmal ganz schön anstrengend. Als große Schwester hat man ständig das Gefühl, für sie verantwortlich zu sein. Auch wenn sie längst erwachsen sind. Obwohl, manchmal habe ich eher das Gefühl, dass ich gar nicht mehr so wichtig bin. Ich bin Mirjam und habe das Danklied der Frauen angeführt, nachdem wir trockenen Fußes durch das Schilfmeer gegangen sind und so den Soldaten des Pharaos entgehen konnten. Überhaupt haben wir drei Geschwister gemeinsam das Volk aus Ägypten geführt. Aber die entscheidende, von Gott auserwählte, Person ist dann immer mein kleiner Bruder. Sobald mein anderer Bruder Aaron und ich eine seiner Entscheidungen einmal anzweifeln, bekommen wir gleich Ärger. Dabei muss man sich unter Geschwistern auch einmal die Meinung sagen! Und außerdem: Was heißt, wir bekommen Ärger? Den meisten Ärger habe immer ich bekommen! Keine Ahnung warum, wahrscheinlich einfach weil ich die Große, Vernünftige bin. Ja, wenn ich damals nicht so vernünftig gewesen wäre und meinen kleinen Bruder beobachtet hätte, wie er als Baby in seinem Schilfkorb im Nil dahin schwamm und der

Tochter des Pharaos vorgeschlagen hätte, meine Mutter als Amme zu nehmen, wer weiß, ob wir ihn je wieder gesehen hätten …

Aaron
Meine große Schwester Mirjam ist die Vernünftige, die Umsichtige, die unseren Bruder gerettet hat. Dem Kleinen gelingt einfach alles, er ist erwählt. Alle drei haben wir das Volk Israel aus Ägypten geführt. Aber wer spricht von mir, Aaron? Und als Moses kurz verschwindet und das Volk voll Furcht nach dem Goldenen Kalb verlangt, bin ich an allem schuld. Dabei war Moses zu Anfang nicht der große Anführer. Welch ein Gezeter, als der Herr ihn beauftragte. Da musste ich her, mit der Gabe der Rede. Aber das war einmal. Es ist wirklich nicht leicht, der Mittlere zu sein.

Mose
Ich habe es immer gespürt, wie ich auf andere angewiesen bin. Dass ich überhaupt lebe, verdanke ich nicht allein meinen Eltern, sondern meiner Schwester Mirjam, die mich als Kind nicht aus den Augen ließ und vor der Tochter des Pharao für mich eintrat. Die Pharaonentochter wurde mir eine zweite Mutter. Als ich aus Ägypten fliehen musste, fand ich beim Priester von Midian eine Zuflucht. Dieser gab mir seine Tochter Zippora zur Frau. Nachdem Gott durch so viele Menschen für mich eingetreten war, berief er mich, nun für andere Menschen einzutreten: für sein auserwähltes Volk, die Israeliten. Mich wollte Gott senden, der ich immer von anderen abhängig war. Ich fürchtete, dieser Aufgabe nicht gewachsen zu sein. Doch dankbar durfte ich erleben, wie Gott auch hier seine Fürsorge fortsetzte. Er sandte mir meinen Bruder Aaron entgegen als meinen Beistand, der für mich die Weisungen Gottes verkünden sollte. Ich lobe meinen Gott dafür, dass er mir so sehr durch meine Geschwister hilft.

Lied

Lesung
Num 12
Parallel zur Lesung drücken die drei Personen die jeweilige Geschwisterkonstellation der Erzählung pantomimisch in 8 Standbildern aus.

Die Lesung für den heutigen Gottesdienst steht im 4. Mosebuch im 12. Kapitel. Wir bleiben dazu sitzen:

Bild 1: Mirjam, Aaron und Mose treten auf. Sie bilden ein größeres Dreieck mit Blick zur Gemeinde. Mirjam und Aaron hinten, Mose in der Mitte vorn.
1 Da redeten Mirjam und Aaron gegen Mose um seiner Frau willen, der Kuschiterin, die er genommen hatte. Er hatte sich nämlich eine kuschitische Frau genommen. 2 Und sie sprachen: Redet denn der Herr allein durch

Mose? Redet er nicht auch durch uns? Und der HERR hörte es. 3 Aber Mose war ein sehr demütiger Mensch, mehr als alle Menschen auf Erden.

Bild 2: Mose tritt in den Hintergrund, Mirjam und Aaron nach vorn.
4 Und sogleich sprach der HERR zu Mose und zu Aaron und zu Mirjam: Geht hinaus, Ihr drei, zu der Stiftshütte! Und sie gingen alle drei hinaus.

Bild 3: Alle drei treten mit Abstand vor den Altar.
5 Da kam der HERR hernieder in der Wolkensäule und trat in die Tür der Stiftshütte und rief Aaron und Mirjam und die gingen beide hin.

Wechsel zu Bild 4: Mirjam und Aaron treten näher an den Altar. Mose bleibt stehen.
6 Und er sprach: Hört meine Worte: Ist jemand unter Euch ein Prophet des HERRN, dem will ich mich kundmachen in Gesichten oder will mit ihm reden in Träumen. 7 Aber so steht es nicht mit meinem Knecht Mose; ihm ist mein ganzes Haus anvertraut. 8 Von Mund zu Mund rede ich mit ihm, nicht durch dunkle Worte oder Gleichnisse, und er sieht den HERRN in seiner Gestalt. Warum habt Ihr Euch denn nicht gefürchtet, gegen meinen Knecht Mose zu reden? 9 Und der Zorn des HERRN entbrannte gegen sie und er wandte sich weg; 10 auch wich die Wolke von der Stiftshütte.

Bild 5: Mirjam und Aaron wenden sich vom Altar und voneinander weg.
Und siehe, da war Mirjam aussätzig wie Schnee. Und Aaron wandte sich zu Mirjam und wird gewahr, dass sie aussätzig ist, 11 und sprach zu Mose: Ach, mein Herr, lass die Sünde nicht auf uns bleiben, mit der wir töricht getan und uns versündigt haben. 12 Lass Mirjam nicht sein wie ein Totgeborenes, das von seiner Mutter Leibe kommt und von dem schon die Hälfte seines Fleisches geschwunden ist. 13 Mose aber schrie zu dem HERRN: Ach Gott, heile sie!

Bild 6: Aaron wendet sich zu Mirjam, erschrickt. Mirjam erschrickt und wendet sich ebenfalls flehend Mose zu. Mose wendet sich daraufhin flehend dem Altar zu.
14 Der HERR sprach zu Mose: Wenn ihr Vater ihr ins Angesicht gespien hätte, würde sie nicht sieben Tage sich schämen? Lass sie abgesondert sein sieben Tage außerhalb des Lagers; danach soll sie wieder aufgenommen werden. 15 So wurde Mirjam sieben Tage abgesondert außerhalb des Lagers.

Bild 7: Mirjam bleibt allein vor dem Altar stehen. Aaron und Mose stellen sich vor die Gemeinde.
Und das Volk zog nicht weiter, bis Mirjam wieder aufgenommen wurde. 16 Danach brach das Volk von Hazerot auf und lagerte sich in der Wüste Paran.

Bild 8: Mirjam tritt zwischen Mose und Aaron, verharrt dort. Die Geschwister bilden wieder ein Dreieck, wie am Anfang, stehen aber enger beieinander.

Es schließen sich direkt die persönlichen Statements der Spieler an. Dazu tritt zuerst Mirjam vor, legt Ihr Attribut ab und wird zu der Person, die jetzt spricht. Nach dem Statement geht sie zum Platz und der Nächste ist dran.

Es folgen persönliche Statements der Spieler als Impuls für eigene Statements:

Mirjam
geht ein paar Schritte nach vorn, legt ihr Attribut ab:

Ja, das kenne ich. Wenn drei Geschwister zusammen sind, gibt es immer zwei, die sich gegen den dritten zusammenschließen, ja und natürlich gegen den, der immer und überall bevorzugt wird. Ob nun von den Eltern oder Gott spielt dann auch keine Rolle mehr. Dabei sind wir vier Geschwister. Meine Eltern dachten extra, sie sind schlauer, bei vieren bleibt keiner übrig. Aber da haben sie falsch gedacht. Blöd, wenn der Älteste ein Junge ist und sich aus solchen Rangeleien weitgehend raushält. Dann sind wir drei Mädchen wieder zu dritt gewesen, sodass es super passste …

Aaron
geht ein paar Schritte nach vorn, legt sein Attribut ab:

Es geht schon heftig zu, unter Geschwistern. Da wird sich gestritten, beneidet und das Leben schwer gemacht. Was ich da für Geschichten gehört habe und was meine Cousins sich gekabbelt haben. Aber wehe, es kommt einer von außen dazu, dann passt kein Blatt Papier zwischen sie.

Mose
geht ein paar Schritte nach vorn, legt sein Attribut ab:

Es fällt mir schwer, eine eigene Geschwistersicht einzubringen. Ich kann keine eigene Rolle benennen, die ich damit begründen würde, dass ich das mittlere Kind von 3 Brüdern bin. Ich bin mir unsicher, inwieweit meine Prägung und meine Eigenschaften mit meinen Geschwistern zusammenhängen. Meine Familie und die Verbindung mit meinen Brüdern geben mir Halt. Doch ich spüre auch, wie diese Verbindungen immer lockerer werden und wie auch ich zunehmend meine eigenen Wege finden und eigene Entscheidungen treffen muss.

Lektorin
tritt vom Pult nach vorn:

Als Älteste hatte ich schon oft eine bestimmte Rolle, wie meine Geschwister sie in ihrer jeweiligen Situation auch haben. Ich war die Große. Die Vernünftige. Vor allem musste ich mir als „Erste" Vieles erkämpfen, was meinen Brüdern jetzt zugute kommt. Es ist schon manchmal ungerecht zu sehen, was sie mehr dürfen. Aber andererseits – dann zahlt sich der Kampf wenigstens dreifach aus.

KINDERSPIEL
(Prediger springt wie bei einem imaginären Hüpfkästchen-Kinderspiel)

Kennt Ihr das? Habt Ihr das früher auch immer gemacht? Man braucht nur zwei Freunde und 6 Meter Gummiband. Ich hab immer das Gummiband besorgt. Dann ein Knoten und losgesprungen. Wer fängt an?

Eigentlich ein „Weiberspiel". So wertet der kleine 7-Jährige das Spiel vor seinen Freunden in der Schule ab. Und spielt es heimlich im Hof mit seinen Geschwistern! Die Kunst ist, verschiedene Muster zu springen: Bank. Brett. … Die Namen weiß ich gar nicht mehr, aber an die Muster kann ich mich noch erinnern. Auch zwischen mir und meinen Geschwistern gibt es bestimmte Muster. Kennt Ihr das auch? Habt Ihr das früher auch immer so gemacht? Mirjam, Aaron und Mose kann ich so sehen. Die drei spielen gut miteinander. Jeder hat seine Rolle. Jeder ist was Eigenes. Und: Zusammen sind sie, schon im Wüstensandkasten Ägyptens, unschlagbar.

WAS NEID IST – DREI MONOLOGE
Und dann gibt es mitten im Spiel des Lebens ab und zu diesen Stich. Das Miteinander wird vergiftet: Was ist das, das da so sticht? Das kann ich Euch sagen: Mein Name ist *Thomas von Aquin.* Ich bin Theologe aus dem Mittelalter. Und was hier zusticht, ist der Neid. Wir unterscheiden verzeihliche Sünden und Todsünden. Zu den Todsünden gehören: Stolz, Geiz, Zorn, Wollust, Völlerei, Trägheit und Neid. Neid ist also eine furchtbare Sache: Er muss ausgerottet werden. Hüte Dich also vor Neid, sonst kommst Du nicht in den Himmel.

In so ein starres Gedankensystem gepresst, verstehst Du falsch, was Neid ist. Ich bin *Verena Kast,* eine ziemlich populäre Psychologin, und ich weiß, dass Neid vor allem ein Gefühl ist. Ein negativ empfundenes Gefühl. Die meisten Menschen verleugnen solche Gefühle, spalten sie ab oder bekämpfen sie. Gerade dadurch aber bekommen sie eine große Macht. Ich rate, solche Gefühle aufzuspüren, zu verstehen und in positive Energie umzuwandeln.

Und wenn wir uns selber fragen? Ich bin Michael Leonhardi. Wenn ich neidisch bin, geht es mir schlecht. Ich vergleiche dann vor allem, was andere haben mit dem, was ich nicht habe. Ich bin nicht mehr bei mir, nicht mehr bei meinen Stärken und Schwächen, nicht mehr bei meinen Möglichkeiten und Grenzen. Ich kümmere mich in meinen Gedanken und Gefühlen um den anderen. Mein Freund ist da auch so, aber viel aggressiver. Der wertet die ab, auf die er neidisch ist. Ich bin da anders. Neidisch sein gehört sich für mich nicht. Deshalb werte ich mich ab. Außerdem: Wenn andere auf mich neidisch sind, fällt es mir schwer, mich über mich zu freuen, über das, was ich habe und wer ich bin. Und wenn ich neidisch bin: Ja, dann ist meine Großzügigkeit in Gefahr.

GESCHWISTER IM DREIER-PACK –
DIE KRANKHEIT VON NUMERI 12 UND DIE THERAPIE

Inzwischen sind Mose, Aaron und Mirjam erwachsen geworden. Aber auch jetzt hat jeder seine Rolle:

Mose ist der starke Führer, der die Verbindung zwischen seinem Volk und Gott ganz direkt und persönlich hält. *Aaron* ist der Priester. Die institutionalisierte Verbindung zu Gott. Er wird sein Amt weitergeben. Eine sehr würdige Aufgabe. Und Mirjam, ja Mirjam kann feiern. Sie hat den Sieg über die Ägypter am Schilfmeer getanzt! Immer noch wunderbar, diese drei und ihr Miteinander zu sehen. Jeder hat seine Rolle. Jeder ist was Eigenes. Und: Zusammen sind sie unschlagbar … Aber da ist er wieder dieser Stich, der uns herausstößt aus dem wohlwollenden Miteinander und der uns den Spiegel der Zukurzgekommenen vorhält: „Da redeten Mirjam und Aaron gegen Mose und sie sprachen: Redet der Herr denn allein durch Mose? Redet er nicht auch durch uns?" (Num 12,2) In der Sandkastensprache hieß das bei uns immer: „Ich auch!" Und dann haben wir nach Fehlern beim Anderen gesucht, um unser eigentliches Anliegen zu verstecken: „Andreas hat Ausdrücke gesagt." „Michael hat mit Sand geschmissen."… Hier ist es die Frau des Mose, die als moralisches Argument herhalten muss. Gott sieht das, was hinter diesen moralischen Argumenten liegt und weiß: Neid kann alles kaputt machen. Aber Gott kennt die Medizin gegen Neid: Keine Spalttabletten mehr. Gott macht die Spaltung in den Herzen nicht mit. Er bestellt alle drei gemeinsam zu sich.

„Und er rief Aaron und Mirjam" (Num 12,5)… Noch eine Tablette, diesmal nur für die Kranken: „Und Gott sprach: Hört meine Worte: Ist jemand unter Euch ein Prophet des Herrn, dem will ich mich kundmachen in Gesichten oder will mit ihm reden in Träumen. Aber so steht es mit meinem Knecht Mose nicht. Von Mund zu Mund rede ich mit ihm." (Num 12,6–8) Bittere Pille für Neidische. Gott sagt: „Ich behandle nicht alle gleich. Ich nehme Eure Unterschiede und Eure unterschiedlichen Begabungen ernst. Und Ihr nehmt gefälligst meine Berufungen ernst! Ich mache gewaltige Unterschiede. Das ist meine Großzügigkeit." Der Neid sagt: „Das ist ungerecht."

Der dritte der Schritte der Neidtherapie ist ein Blick in den Spiegel: Mirjam und Aaron müssen von Mose weg, zu sich selbst zurück. Betrachten, wer sie sind. Sie müssen das Eigene, die eigenen Stärken sehen lernen. Was daran so weh tut? Du siehst dabei Deine Schwächen, auch das, was Du nicht bist. Du musst dem eigenen Mangel in die Augen sehen. „Und der Zorn des Herrn entbrannte gegen sie und er wandte sich weg." (Num 12,9) Jetzt ist Gott weg. „Traumhaft! Wenn Gott weg ist, kommen wir endlich mehr zum Zug." So denken viele. Bis heute. „Wenn die Kirchen und die anderen Scharlatane und Menschenverdummer endlich entlarvt wären, dann wäre es endlich ehrlicher in dieser Welt und es ginge gerechter zu." (Fragt mal die Leute von der Giordano Bruno Stiftung oder lest mal das Kinderbuch von dem kleinen Schwein, was Gott sucht – lesen, nicht kaufen!) Das 4. Mosebuch sieht das auch so: Ohne Gott kommen die Menschen mehr zum Zug. Aber die Bibel hat Angst davor. Auch davor, dass es dann gerechter zugeht in dieser Welt. Gerechtigkeit hieße dann vermutlich, dass wir das alles selbst ausbaden, worauf wir uns einlassen, … dass wir uns das Leben selbst schaffen dürfen, …dass wir auf das reduziert werden, was wir können, … dass wir für uns selbst einstehen müssen. Gerechtigkeit hieße dann vermutlich, dass es in meinem Leben keine Gnade mehr gibt. Ich kann mir das nicht vorstellen. Mir ist das zu wenig.

Ich glaube an einen Gott, der von Anfang an mehr wollte: Er wollte, dass wir einen Garten vorfinden. Er wollte, dass Dich jemand küsst, ohne dass Du etwas dafür getan hast. Er will, dass das Leben zurückkehrt, wenn es Dir durch die Finger rinnt. Gott will, dass Du lebst. Und Leben ist Gnade.

Wenn Du sehen willst, was passiert, wenn die ganze Wahrheit des Lebens gnadenlos ans Licht kommt, schau Dir Mirjam an. „Und siehe da war Mirjam aussätzig, wie Schnee." (Num 12,10) Das ist keine Strafe. Das ist die Gerechtigkeit, die stattfindet, wenn sich Gott abgewandt hat. Es tritt nur nach außen, was schon lange da war. Die Krankheit. Und die Krankheit hat einen Namen: Neid. Der Aussatz ist in dieser Geschichte der sichtbare Neid. Und wer Aussatz hat, wird isoliert. Der Neid hat sein Ziel erreicht. Dann ist Neid eine Todsünde. „Und die muss bekämpft werden", sagt das Mittelalter. Aber die Bibel erzählt: Gott unterdrückt den Neid nicht. Er macht ihn sichtbar. Er dreht ihn an die Oberfläche. Das Gefährliche hat einen Namen. Und damit wird das Unfassbare fassbar. Aaron begreift zuerst, worum es ihm und seiner Schwester wirklich ging. Unter dem Neid lag etwas ganz Schönes. Ein Verlangen, eine Sehnsucht, ein Traum. Er fleht zu Mose und Mose fleht zu Gott für die Schwester: „Ach mein Herr, lass die Sünde nicht auf uns bleiben … Lass Mirjam nicht sein wie ein Todgeborenes … Heile sie …" (Num 12,11–12) Im Gebet für die Anderen leuchtet unserer eigener Traum auf: Dass wir dazugehören. Dass wir etwas Schönes, Eigenes sind. Dass wir heil werden in dieser Welt. Mehr noch: Im Gebet für die Anderen findet unser eigener Traum statt: Dass wir etwas Besonderes sind, indem wir beim Anderen sind. Dass wir bei Gott sind, wenn wir um Menschen flehen. Dass alles anhält, bis Gott unseren Neid in Sehnsucht verwandelt. Die Bibel verspricht noch mehr: Dass alles anhält, bis sich unsere Sehnsucht erfüllt. „Und das Volk zog nicht weiter, bis Mirjam wieder aufgenommen wurde." (Num 12,15) Das ist die schönste Medizin. Und der Neid ist machtlos. Traumhaft.

Amen.

LIED

    Alles wird gut (siehe Anhang)

GLAUBENSBEKENNTNIS

FÜRBITTENGEBET

Leser 1:

Lasst uns beten und beginnen mit dem Kyrie (EG: 178.12).
Gott, jeder, der Geschwister hat, wird die Doppeldeutigkeit der „Geschwisterliebe" nur all zu gut kennen. Wir bitten Dich, hilf allen Geschwistern, die Liebe überwiegen zu lassen und zusammenzustehen, dass sie vor allem auch als Erwachsene sich nicht aus den Augen verlieren. Gott, wir bitten Dich: Kyrie …

Leser 2:

Gott, nicht allen Menschen hast Du das Geschenk von Geschwistern gemacht. Wir bitten Dich, lass sie die Nähe und den Zusammenhalt bei anderen Menschen finden. Gott, wir bitten Dich: Kyrie …

Leser 3:

Gott, jedes Semester gibt es vier oder fünf von uns, die sich in Deinem Namen versammeln, um das Leben in der Gemeinde zu gestalten. Wir bitten Dich für alle V-Geschwister, dass sie auch nach ihrem V-Semester den Kontakt zueinander nicht verlieren und sich weiterhin wie Geschwister unterstützen und helfen. Gott, wir bitten Dich: Kyrie …

Leser 4:

Gott, wir möchten Dich bitten für unsere Glaubensgeschwister. Wir möchten Dich bitten für alle, die uns im Glauben nah sind, und auch für die, die uns fern sind. Wir möchten Dich bitten für die Menschen deren Glauben wir nicht verstehen können, und für die, die unseren Glauben nicht verstehen können. Gott, wir bitten Dich: Kyrie …

Leser 5:

Gott, wir haben auch in der Ferne Menschen, denen wir uns geschwisterlich verbunden fühlen. Oft reicht nur ein Wort am Telefon und man weiß, wie es dem anderen geht, trotz räumlicher Entfernung. Wir fühlen uns verstanden und aufgehoben mit unseren Gedanken. Bitte hilf uns, diese Verbindung aufrecht zu erhalten und zu stärken, denn oft ist auch das Bewusstsein, dass jemand anderes mit uns fühlt, eine große Stütze. Gott, wir bitten Dich: Kyrie …

DANKGEBET

Leser 1

Gott, viele von uns hast Du mit Geschwistern gesegnet. Geschwister zu haben, bedeutet Menschen an seiner Seite zu wissen, denen man vertrauen kann und die einen durchs Leben begleiten. Wir danken Dir für die vielen gemeinsamen Momente, die wir mit ihnen erleben durften und erleben.

Leser 2

Gott, wir danken Dir für die Liebe und Aufmerksamkeit unserer Eltern. Gott, wir danken Dir.

Leser 3

Gott, wir danken Dir, für die intensive Lebenszeit, die wir als V-Geschwister gemeinsam verbringen konnten. Trotz oder gerade wegen der vielen Aufgaben, die uns aufgetragen worden sind, bekamen wir ein Gefühl wie leibliche Geschwister füreinander. Ein Gefühl dafür, wie jeder einzelne verletzlich, aber auch belastbar ist und ein Gespür dafür, wann einer Unterstützung braucht und Zusammenhalt nötig ist.

Leser 4

Gott, wir möchten Dir danken, für alle Glaubensgeschwister, denen wir uns anvertrauen können. Wir möchten Dir danken für Deinen Frieden, den Du zwischen Menschen mit unterschiedlichen Glaubensauffassungen, zwischen Konfessionen und Religionen schenkst. Gott, wir danken Dir.

Leser 5

Lieber Gott, wir danken Dir für die Menschen, denen wir uns verbunden fühlen, obwohl wir weit voneinander entfernt leben. Zu wissen, dass man aneinander denkt, obwohl man sich nur selten sieht, tut gut und gibt uns Kraft, auch Schwieriges zu schaffen. Amen.

LIED

ABENDMAHL

Liturgie von 3 Personen gesprochen

1. Liturg

Am Ende des Semesters schauen wir zurück.

2. Liturg

Am Ende des Semesters schauen wir nach vorn.

Pfarrer

Am Ende des Semesters halten wir im Augenblick inne und feiern Abendmahl.

1. Liturg

Lasst uns gemeinsam das Mahl feiern, in dem Christus seine Gegenwart zugesagt hat.

Pfarrer
Lasst uns beten:

1. Liturg
Wir loben Dich, Herr, unser Gott, Schöpfer der Welt.

2. Liturg
Du schenkst uns das Brot, die Frucht der Erde und der menschlichen Arbeit.

Pfarrer
Wir bitten Dich: Lass dieses Brot für uns zum Brot des Lebens werden durch Christus, unseren Herrn.

1. Liturg
Wir danken Dir für die Frucht des Weinstockes und für die Freude, die Du uns schenkst.

2. Liturg
Wir bitten Dich: Lass diesen Kelch für uns zum Kelch des Heils werden durch Christus, unsern Herrn.

Pfarrer
Wir danken Dir, dass Du uns einlädst. Wir kommen, mit dem, was wir haben und mit dem, was wir sind:

1. Liturg
Wir kommen mit unserem Mangel und mit unserem Reichtum.

2. Liturg
Mit unserer Kraft und mit unserer Erschöpfung.

Pfarrer
Mit unserer Lust und mit unserer Müdigkeit.

1. Liturg
Wir danken Dir für dieses Semester und was für uns Schönes passiert ist.

2. Liturg
Wir danken Dir für das, was in uns steckt.

Pfarrer
Wir danken Dir für die Begegnungen, die unser Leben reich gemacht haben.

1. Liturg
Wir danken Dir für Deine Kirche, unsere Gemeinde zu Hause und die ESG hier, weil sie uns trägt und herausfordert.

2. Liturg
Wir danken Dir für Deine Nähe, die Du uns schenkst in Deinem Sohn Jesus Christus.

Pfarrer
Das ist das unbegreifliche Geheimnis, das uns trägt und hält Tag für Tag.

1. Liturg
Darum preisen wir Dich mit allen, die zu Dir gehören und singen das Lob Deiner Herrlichkeit.

SANCTUS

ABENDMAHLSGEBET I

Die Gemeinde erhebt sich.

1. Liturg
Sei gepriesen für die Augen, die uns nicht nur gesehen, sondern als Personen gemeint haben.

2. Liturg
Sei gepriesen für die Herzlichkeit, mit der wir aufgenommen wurden.

Pfarrer
Sei gepriesen für die Selbstverständlichkeit, mit der wir zu Dir gehören.

1. Liturg
Sei gepriesen für das Leben, das uns aus Deiner Hand einfach so zufällt.

2. Liturg
Sei gepriesen, dass Du unsere Sehnsucht nach Leben kennst.

Pfarrer
Sei gepriesen für die Erfahrung, dass wir etwas bewirken.

1. Liturg
Sei gepriesen für die Macht, die anbricht, wenn Dein Reich kommt.

2. Liturg
Sei gepriesen für alles, was Du uns zugute getan hast in Jesus Christus, Deinem Sohn:

Pfarrer
Für sein Kommen in diese oft neidische Welt.

1. Liturg
Für seine Worte und Taten, für seine Gesten und Wunder.

2. Liturg
Für den Reichtum seiner Liebe, den er ausgeteilt hat.

1. Liturg
Sei gepriesen für sein Leiden und seinen Tod am Kreuz.

2. Liturg
Sei gepriesen für Dein Ja zu dieser Liebe in seiner Auferstehung am Morgen der neuen Schöpfung.

EINSETZUNGSWORTE

Pfarrer
Unser Herr Jesus Christus, in der Nacht, da er verraten wurde, nahm er das Brot, dankte und brachs und gabs seinen Jüngern und sprach:
Nehmet hin und esset. Das ist mein Leib, der für Euch gegeben wird. Solches tut zu meinem Gedächtnis.

Desgleichen nahm er auch den Kelch nach dem Abendmahl, dankte und gab ihnen den und sprach: Nehmt hin und trinket alle daraus, dieser Kelch ist der neue Bund in meinem Blut, das für Euch vergossen wird zur Vergebung der Sünden. Solches tut, sooft ihrs trinkt zu meinem Gedächtnis.

CHRISTUSLOB

1. Liturg
Groß ist das Geheimnis des Glaubens.

Gemeinde
Deinen Tod, oh Herr, verkünden wir und Deine Auferstehung preisen wir bis Du kommst in Herrlichkeit.

ABENDMAHLSGEBET II

2. Liturg
Sende Deinen Heiligen Geist.

Pfarrer
Verbinde uns und alle, die dieses Brot empfangen und aus diesem Kelch trinken in Deiner Gemeinschaft.

1. Liturg
Lass uns dazugehören mit Freude, neuer Zuversicht und Kraft, wenn Dein Reich kommt.

2. Liturg
Lass uns schon jetzt miteinander teilen.

VATER UNSER

FRIEDENSGRUSS
Gebt einander ein Zeichen des Friedens und der Versöhnung.

AGNUS DEI

AUSTEILUNG

BIBELVOTEN
Gott hat Dein Wandern auf sein Herz genommen. (Dtn 2,7)

Und der Friede Gottes, der mehr ist als wir denken und fühlen, bewahre Eure Herzen und Sinne in Christus Jesus. (Phil 4,7)

Meine Stärke und mein Lied ist der Herr. Er ist für mich zum Retter geworden. (Ex 15,2)

DANKGEBET
Herr, wir waren Gäste an Deinem Tisch. Du machst uns gewiss, dass Du mit uns gehst. Lass uns diese Freude mit den Menschen teilen, die uns begegnen. Amen.

LIED

SEGEN *(3 Sprecher)*

Sprecher 1
Mag sein, dass der Andere mehr hat.

Sprecher 2
Mag sein, dass das Leben für viele Andere leichter ist.

Sprecher 3
Mag sein, dass Du nach links und rechts schaust und Dich nicht siehst, weil Du nicht neben Dir stehst.

Sprecher 1
Gott aber hat mehr von Dir, wenn Du Du bist.

Sprecher 2
Andere haben mehr von Dir, wenn Du Du bist.

Sprecher 3
Du hast mehr von Dir, wenn Du Du bist.
Deshalb steh Du auf zum Segen.

Die Gemeinde erhebt sich.

Sprecher 1
Du bist nicht Mose,

Sprecher 2
aber Du wirst mit Gott reden.

Sprecher 3
Du bist nicht Aaron,

Sprecher 1
aber Du wirst Deinen Platz haben als Gottes Diener.

Sprecher 2
Du bist nicht Mirjam,

Sprecher 3
aber Du wirst tanzen.

Sprecher 1
Du bist nicht Dein Bruder

Sprecher 2
und nicht Deine Schwester,

Sprecher 3
aber Du wirst Bruder oder Schwester sein.

Sprecher 1
Du blickst neidisch auf Andere,

Sprecher 2
aber Gott sieht Deine Sehnsucht.

Sprecher 1
Andere sehen neidisch auf Dich,

Sprecher 2
aber Gott gönnt Dir, was Du hast.

Sprecher 1
Du hältst fest und teilst aus mit der Geste des gönnenden Gottes.

Sprecher 2
Du bist ein Gönner des Lebens.

Pfarrer
Dazu segne Dich Gott, der Gnädige und Barmherzige.
Der Vater, der Sohn und der heilige Geist.

Amen.

MUSIK

10. Haus des Glaubens

Bibeltext: Eph 3,14–21

Hintergrund

Entstehungsgeschichte

Bei der Themensuche im Sommersemester 2005 hatten wir auch die vorgesehenen Lesungen des Sonntags im Blick. Nach dem Hören der Epistel war auffälliges Staunen zu merken. Wir brachten es für uns auf den Nenner: „Wir staunen über die Fülle, die uns hier anspricht" und entschieden uns für Epheser 3.14–21 als Grundlage für den Gottesdienst. Wir gestalteten den Gottesdienst traditionell und setzten auch die Gebetshaltung des Textes in der Liturgie um.

Dramaturgische Struktur

Eine Falle: Im Bibeltext begegnet uns ein doppeltes Bild: Wohnen (Haus) und Verwurzelt sein (Baum). Wir entscheiden uns, alles dem „Wohnen im Haus" unterzuordnen. Diesem Grundsatz, in einem Bild zu bleiben, steht eine Fülle von Aspekten im Text gegenüber. Der Zugang des Lesers und der Gottesdienstbesucher in dieses Bild kann nur ein persönlicher sein. Ihre Authentizität ist die vorgeschriebene Rolle, mit der sie ins Bild kommen.

Methodische Umsetzung

Wir ziehen als Beteiligte bei der Eingangsmusik ein, als würden wir ein Haus betreten und begrüßen uns kurz. Das *Kyrie und Gloria* lehnt sich in seiner Sprache an den Bibeltext und die Predigt an. Durch das Abstellen von Kerzen beim Kyrie und von Blumensträußen beim Gloria wird dieser Eingangsteil hervorgehoben. Der Duktus der Sprache stimmt auf den Episteltext ein.

Die *Pantomime mit den folgenden Statements* macht die Besucher des Gottesdienstes neugierig, setzt den Bibeltext ins Bild, ohne Inhalte zu verraten. Die Fülle der im Text angesprochenen Aspekte spiegelt sich in den Rollen wider, welche die fünf Darsteller verkörpern: Eine Fundamentsucherin, ein Vermesser, eine Innenarchitektin, eine Philosophin und ein Kind, das im Garten vor dem Haus ein Baumhaus baut. (Hier kommt eine „kindlicher" Versuch zum Tragen, beide Bilder des Textes doch noch zu vereinen.) Diese Rollen, aus der persönlichen Meditation des Textes entstanden, setzen ihre Darsteller und die Besucher des Gottesdienstes somit ihrerseits ins Bild. Die *Predigt* nimmt das Bild des Hauses auf und vertieft es durch das Bild vom „Untermieter" Christus. Der *Segen* ist die Antwort auf die Statements der Darsteller und wird von diesen vorgetragen.

Vorbereitung

Es werden benötigt:
- 5 Darsteller der Pantomime, die auch die Statements und den Segenstext sprechen.
- Die Pantomime muss kurz geübt werden.
- 3 Kerzen und 2 Blumensträuße für den Altar werden beim Einzug herein getragen.

Ablauf des Gottesdienstes

EINGANGSMUSIK
Alle Beteiligten ziehen ein. Drei davon tragen brennende Kerzen. Zwei jeweils einen Blumenstrauß.

BEGRÜSSUNG:

KYRIE UND GLORIA
Liturg
Lasst uns beten und zuerst in das Kyrie (EG 178.9) und dann in das Gloria (Durch Hohes und Tiefes 135) einstimmen.

Herr, unser Gott, wir sehnen uns oft, stark zu sein und fühlen uns doch innerlich schwach. Wir wollen viel und ahnen doch unsere Grenzen. Wir haben hohe Ansprüche und werden ihnen selbst nicht gerecht. Wir rufen zu Dir und singen: Kyrie eleison …
Dabei stellt Darsteller 1 seine Kerze auf den Altar.

Liturg
Wir denken an die Menschen, mit denen wir leben. Unsere Partner, Eltern und Kinder, Nachbarn und Freunde. Oft ist es schwer, aufeinander zu hören und den anderen zu verstehen. Wir selbst fühlen uns oft missverstanden. Wir sind auf uns fixiert und einsam mitten in einer großen Stadt. Wir rufen zu Dir und singen: Kyrie eleison …
Dabei stellt Darsteller 2 seine Kerze auf den Altar.

Liturg

Wir suchen nach Halt. Altes, Vertrautes, trägt nicht mehr. Neues ist uns fremd. Wir begreifen die Welt nicht, haben Angst vor der Zukunft und sehnen uns in der Kälte der Gesellschaft nach Liebe. Wir rufen zu Dir und singen: Kyrie eleison ...

Dabei stellt Darsteller 3 seine Kerze auf den Altar.

Liturg

Großer, guter Gott. Wir sind Deine Kinder. Du bist unser Vater. Vor Dir beugen wir unsere Knie in Dankbarkeit und staunen. Wir loben Dich für die Fülle, die Du für uns bereit hältst. Wir rufen zu Dir und singen Gloria, gloria ...

Dabei stellen Darsteller 4 und 5 ihre Blumen auf den Altar.

LIED

Tut mir auf die schöne Pforte (EG 166)

PANTOMIME

Darstellerin 1 (Fundamentsucherin)
Sucht vorsichtig nach festem Boden. Als sie ihn findet springt, sie in die Luft.

Darsteller 2 (Vermesser)
Fährt mit dem Auto, hält an und misst den Platz aus, zählt mit den Fingern und wundert sich, woher die 4. Dimension kommt.

Darstellerin 3 (Innenarchitektin)
Findet ein tolles Haus vor, geht hinein dreht sich im Kreis vor Freude, verrückt noch einen Hocker als Zeichen der Gestaltung und freut sich weiter, indem sie durch die Zimmer rennt und sich dreht.

Darstellerin 4 (Philosophin)
Denkt angestrengt nach, löst sich, steht auf und freut sich (Vollkommenheitsgeste).

Darsteller 5 (Kind)
Als Kind, das in dem Haus aufwächst, fühlt es sich sicher und geht raus in den Garten und baut sich ein Baumhaus.

MUSIK

TEXTLESUNG

Eph 3, 14–21

STATEMENTS

Dazu treten die Darsteller einzeln vor.

Darstellerin 1: (Fundamentsucherin)
Halt finden, von einem Fundament getragen werden, auf dem ich ein Haus errichten möchte, die Liebe Gottes spüren. Das lässt mich vor Freude in die Luft springen. Und zu wissen, dass ich getragen werde, lässt mich in manchen Situationen gelassen bleiben.

Darsteller 2: (Vermesser)
Hier ist nicht nur Platz für eine vierte Dimension, sondern für viel mehr, deren Existenz wir uns nicht vorstellen können. Selbst in dem Bekannten tauchen plötzlich ungeahnte Ausmaße auf.

Darstellerin 3: (Innenarchitektin)
Ein starkes Fundament und ein stabiles Haus. Darüber freue ich mich und das ist auch sehr wichtig. Aber wenn es innen drin noch so leer ist, dann ist das nicht schön! Dabei ist es doch gerade wichtig, ein Haus schön und gewissenhaft einzurichten, dass die Leute, die dort drinnen wohnen, sich wohl fühlen und sich ohne Sorgen und Furcht vom Leben dort draußen zurückziehen können und ein Gefühl von Vertraulichkeit und Unbekümmertheit entwickeln können.

Darstellerin 4: (Philosophin)
Als Philosophin will ich Erkenntnis nicht bloß gedanklich erfassen. Ich will Erkenntnis leben und erleben. Hier in der Beziehung zum echten Vater ist so ein Leben möglich. Denn er heißt Vater, weil er mir dieses Leben gibt, mit dem ich leben und erleben kann. Und in seiner Liebe ermöglicht er noch unvorstellbar viel mehr, denn diese überschreitet alle Erkenntnis. Und deswegen ziehe ich in dieses Haus zum Vater ein.

Darsteller 5: (Kind)
Ich bin hier in diesem Haus aufgewachsen. Es gibt mir Halt und Sicherheit. Was ich besonders an dem Haus liebe, ist der große Garten. Dort steht ein alter Baum, auf dem man herumklettern kann. Ich habe mir ein eigenes Baumhaus gebaut, wohin ich mich zurückziehen kann. Da kann ich in Ruhe träumen.

LIED
Komm, bau ein Haus (Durch Hohes und Tiefes Nr. 359)

PREDIGT

EIN HAUS VOLLER LEBEN
Liebe Gemeinde, ich staune über das Haus, das hier vor mir entsteht, wenn Ihr, die V's, Paulus mit dem Epheserbrief zu Wort kommen lasst. Ich springe mit, wenn Du (*Fundamentsucherin*) vor Glück über das entdeckte Fundament in die Luft gehst. Ich halte den Atem mit an vor Verwunderung, wenn Du (*Vermesser*) misst und misst und plötzlich klar wird, dass die Dimensio-

nen, in denen wir zu leben gewohnt sind, nicht ausreichen werden. Ich drehe mich mit im Kreis vor Freude (*Innenarchitektin*), wenn Dir die Möglichkeiten klar werden, wie viel in diesem Haus einzurichten und zu gestalten ist; wie viel Schönheit möglich ist. Ich genieße mit Dir (*Philosophin*) die Möglichkeit der Fülle ‚dass in diesem Haus Verstand und Gefühl und gelebter Glaube miteinander auskommen. Und mir kommt es vor, als hätte ich oft, wie Du kurzzeitig eine Behinderung, eine Hemmung, aber eigentlich würde ich am liebsten durch alle Räume rennen und „Dos gibt's net!" schreien und ein großes Fest geben über so ein gigantisches Haus. Und da ist noch Platz für Zukunftspläne, für einen Garten und einen Baum vor dem Haus, in den die nächste Generation sich hin und wieder verkriechen kann und alles vorträumt. Ich träume mit Dir mit (*Kind*). Ich staune auch über das Haus, das hier vor mir entsteht, wenn Ihr Paulus mit dem Epheserbrief zu Wort kommen lasst: Es ist voller Leben.

Ich staune auch, weil es ein besonderes Haus ist. Dieses Haus ist, neben dem Schillerhäuschen, dem Kügelgenhaus und dem Meißner Dom, ungeheuer wertvoll. Außerdem ist es 2000 Jahre alt und akut vom Zerfall bedroht. (Das allerdings auch schon seit 2000 Jahren.) Und ich frage: Sollte man es also unter Denkmalsschutz stellen?

EIN ARGUMENT GEGEN DEN DENKMALSCHUTZ
Drei Gefahren sprechen dafür, eine Gefahr dagegen:
Dafür spricht die Tendenz der Individualisierung. Damals zur Zeit des Paulus, hieß das Gnosis. Jeder hatte seine Vorstellung vom Leben, glaubte seinen göttlichen Funken in sich als ausreichend. Wozu wir die „anderen Heiligen" und den „Grund der Apostel" (Eph 2,20) brauchen, ist auch uns mit einer Ich- und Gegenwartsfixierung nicht einleuchtend. Das Haus, das uns vor Augen gemalt wird, holt sich seine Standfestigkeit nicht nur aus dem Jetzt. Unser Leben ist mehr als wir sind.

Dafür, das Haus unter Denkmalsschutz zu stellen, spricht außerdem die Tendenz zum Diktat der Machbarkeit. Max Frisch nennt das die „Homo-Faber-Mentalität." Wir machen Essen. Wir machen Urlaub. Wir machen Liebe, Sex und Kinder. Wir machen Gottesdienst. Vor diesem Haus hier aber staunen wir. Es ist. Aber es ist nicht gemacht. Man kann es studieren mit Geologie, Philosophie, Ingenieurwesen, Innenarchitektur, Theologie. Man kommt ihm trotzdem nie ganz auf die Schliche. Dieses Haus hat und behält ein Geheimnis. Das macht es aus. Das muss geschützt werden.

Dafür, dass dieses Haus unter Denkmalschutz gehört, spricht außerdem die Tendenz zur Oberflächlichkeit. Es ist langsam, mit Bedacht gebaut worden. Wir sind dagegen schnell und hektisch. Wir lieben schnelle Autos, essen schnell, wir reagieren schnell, wir wollen auch Religion schnell: Fast Food, DSL, Flat Rate, ein 3-Minuten-Essen heiß in der Mikrowelle, eine gute Predigt geht nicht über 10 Minuten. Das Leben aber ist langsamer. Blätter wollen sich entfalten, Beziehungen wollen wachsen, Herzen sich erwärmen, Wunden müssen ausheilen, Glück bahnt sich an. Vertrauen – und Glauben ist nur ein anders Wort dafür – braucht Zeit. Das Leben bekommt seine Tiefe meist langsam. Das muss geschützt werden. Die Tendenz der Individualisierung, die Tendenz zum Diktat der Machbarkeit, die Tendenz zur Oberflächlichkeit sprechen dafür, dass das alte Haus, uns von Paulus so schön vor Augen gemalt, unter Denkmalsschutz gestellt wird. Das sind wichtige Argumente, aber sie reichen nicht.

Dagegen, dieses Haus unter Denkmalsschutz zu stellen, spricht: Dieses Haus lebt von seinen lebendigen Bewohnern. Es ist die Lebendigkeit selbst. Du bist lebendig. Du bist auch irgendwie das Haus. Paulus sagt: Es geht um „den inwendigen Menschen." Und wenn wir lebendig bleiben wollen, können wir die Zuständigkeit für dieses Haus nicht an vermeintliche Experten, Denkmalschützer, Theologen, Psychologen, Eltern, Partner oder Freunde delegieren.

VON DEN NÖTEN DER HAUSBESITZER
Liebe Häuser, liebes Haus, liebe Hausbesitzer! Was machen wir nun mit diesem, unserem wunderbaren, gigantischen Haus? Zuschließen oder uns einschließen? Geht nicht, wenn wir dieses Haus mit seinen Möglichkeiten, mit seinem Geheimnis, mit seinem frischen Wind, in seiner Fülle bewohnen wollen. Verpachten? Da müsstest Du ausziehen, aus der eigenen Lebendigkeit heraus. Aus Dir selber. Aber wohin? In ein anderes Herz, in ein anderes Gebäude, Glaubens-, Lebens- oder Ideologiehaus … Oder noch edler: Dein Leben als Dauerleihgabe der Öffentlichkeit zugänglich gemacht? An die Kirche, für die Großfamilie, in die Neuen Meister, fürs Heimatmuseum. Es wäre geschützt, aber wir kämen nur mit einem Hinweisschild im Leben vor: Eine Dauerleihgabe von N.N. oder: Wir danken dem Besitzer, der aus Sicherheitsgründen nicht genannt werden will. Paulus wünscht uns was. Wenn uns jemand etwas wünscht, steckt dahinter ja auch eine Idee, was für uns gut ist oder wie es mit uns weitergehen könnte. Paulus hat zwei große Wünsche für uns. Er wünscht uns die Kraft, selber mitten im Leben, mitten in diesem Haus zu sein, mitten in dieser Fülle zu leben. Er nennt das „inwendig werden". In seiner Fülle lebendig sein: Das ist die einzige angemessene Möglichkeit, am Leben teilzuhaben. Scheinbar weiß er, dass es Kraft kostet. Aber das wissen wir ja auch. Und Paulus hat noch eine Idee für unser Leben. Er denkt sich, dass in diesem, unserem Lebenshaus Platz für Untermieter ist. Er hat auch schon jemanden angesprochen. Finde ich ziemlich voreilig. Ich habe so meine Erfahrungen mit Untermietern. Sie auch?

Der Prediger geht durch die Reihen und fragt die Gottesdienstbesucher

Mieter und die Erfahrungen mit Mietern sind also unterschiedlich. Zurück zum Predigttext: Paulus ist der Meinung, dass es gut wäre, wenn Christus bei uns ins Leben einzieht. Es wäre das Beste für uns, denn: er stellt keine

Ansprüche an den Komfort. Er will uns akzeptieren, wie wir sind, hat dafür auch genug Barmherzigkeit. Sein Vorstrafenregister war ein Justizirrtum. Er gilt allgemein als Friedensstifter, was man auch als friedlich auslegen kann.

Ich habe mich auch selbst noch einmal kundig gemacht und um ehrlich zu sein, man muss auch davor warnen: Einiges deutet doch darauf hin, dass er unkonventionell denkt und handelt. Auch wird ihm eine extreme Tendenz, sich für alle verantwortlich zu fühlen, nachgesagt, auch Vermietern gegenüber. Es gibt Berichte von merkwürdigen Veränderungen in bisherigen Behausungen. Ich denke da sofort an neue Tapete. Ist ja manchmal ganz nett, aber Veränderungen sind Veränderungen. Es heißt: „Seine Liebe kennt keine Grenzen." Da habe ich ja grundsätzlich nichts dagegen. Aber in meinem Haus? Da habe ich mir gedacht: Vielleicht ist es gut, Regeln aufzustellen, wenn Christus einzieht. Und so habe ich das dann auch gemacht. Ich habe mir Regeln zusammengesucht:

MIETVERTRAG FÜR JESUS
Wenn Jesus bei uns wohnen soll, ist Folgendes zu beachten:

Grundsätzliches:
- Die Mietsache ist pfleglich zu behandeln.
- Das Mietobjekt wird von beiden gleichwertig genutzt. Jeder hat Rechte und Pflichten.
- Einer zahlt immer drauf. Christus ist bereit dazu. Ich akzeptiere das und freue mich.

Praktische Regelungen:
- Die Vertragsparteien begegnen sich, auch im Vorübergehen, z.B. im Flur, freundlich und zugewandt.
- Besondere Zeit für wichtige Aussprachen wird grundsätzlich eingeplant.
- Keiner versucht, dem anderen sein Leben überzustülpen.
- Jeder Vertragspartner versucht, den anderen mit seinem eigenen Leben neugierig zu machen.
- Der einen Mietpartei nahe stehende Personen oder Lebewesen begegnet auch die andere Mietpartei mit Achtung und Wohlwollen.
- Das Mietverhältnis hat Vorrang vor der Angst vor den Nachbarn.
- Das Mietverhältnis gilt auf unbestimmte Zeit und ist nur einseitig kündbar.

Das habe ich dann alles fein säuberlich aufgeschrieben und dann gab es einen sogenannten Erstkontakt. Und da habe ich alles vorgelesen und gesagt: „Sie können hier unterschreiben" und da hat Christus gesagt: „Gut so, könnte von mir sein." Ich habe schon unterschrieben. Und ich habe gedacht: „Ach ja, es geht schon los. Na, das kann ja lebendig werden."

Amen.

LIED

ABENDMAHL

LIED
Großer Gott wir loben Dich (EG 331, Strophen 1,5,6)

ANSAGEN

SEGEN
Von drei Personen zu sprechen.

Sprecher 1 (Pfarrer)
Wenn Du ein festes Fundament für Dich und Dein Leben suchst:

Sprecher 2
Gott ist der feste Grund, auf dem Du stehst.

Sprecher 3
Wenn Du Dich nach Raum für Dich und Dein Leben sehnst:

Sprecher 1
Gott schenkt Dir mehr Dimensionen, als Du ermessen kannst.

Sprecher 2
Wenn Du mit den Vorgaben für Dein Leben haderst:

Sprecher 3
Gott schenkt Dir wunderbare Vielfalt, zu gestalten.

Sprecher 1
Wenn Du Dir Gedanken machst um Dich und das Leben:

Sprecher 2
Gott schenkt Dir Gefühle und Tatkraft, um diese Fülle der Möglichkeiten in Leben umzusetzen.

Sprecher 3
Wenn Du in dieser wunderbaren Welt von heute aufwächst:

Sprecher 1
Gott schenkt Dir Rückzugsmöglichkeiten, die wunderbare Welt von morgen mitzuträumen.

Sprecher 2
Wenn Dich die Fülle, das Glück und die Sorgen dieser Welt überfordern:

Sprecher 3
Gott schenkt Dir Christus, damit Du das Leben mit ihm teilen kannst.

Sprecher 1
So segnet Dich der gnädige und barmherzige Gott, der Vater, der Sohn und der Heilige Geist. Amen.

LIED

Großer Gott wir loben Dich (EG 331, Strophen 9,10)

KOLLEKTE

11. Jona und
das Ankommen

Bibeltext: Das Buch Jona,
besonders Jon 1,1–3 und 4,5–11

Hintergrund

Entstehungsgeschichte

Von den 150 Gottesdienstbesuchern war die Hälfte neu. Zum Semesteranfang im Oktober 2004 liegt das Thema „Ankommen" förmlich in der Luft. Auch die Abwehr, sich auf das Neue einzulassen, spielt eine große Rolle. Das Neue sind der Studienort und die Studentengemeinde hier. Jona als biblisches Beispiel war schnell gefunden.

Dramaturgische Struktur

In bekannten Geschichten Neues zu entdecken und die alten Geschichten mit dem eigenen Leben verknüpft zu wissen, sind altbekannte Herausforderungen an die Homiletik. Bekanntes will also neu entdeckt werden.

Das Besondere in diesem Gottesdienst im Blick auf die dramaturgische Liturgik ist, dass Heutiges als Pantomime in gleicher Form wie das Gestrige erlebt werden kann, Bekanntes zunächst versteckt wird und sich selbst über die alten Geschichten hinaus erzählt.

Methodische Umsetzung

Die eher klassisch gehaltene Liturgie, die mit *Kyrie und Gloria* beginnt, wird durch zwei Szenenstränge unterbrochen und mit der Ankommsituation von Studierenden *(Dialog 1 und Dialog 2)*, dem *Segen* und der Jonafigur verwoben.

Jona ist für viele kein Unbekannter mehr. Das Unerwartete dieser Erzählung muss also neu versteckt werden. Wir nutzen dazu die durch den Anhang (ab Jona 4,5) entstandene dramatisierte Herausforderung an den Propheten, sich ein weiteres Mal auf Neues einzulassen. Die *Pantomime 1* stellt Jona ab Kapitel 4,5 ohne Erklärung dar. Die Gemeinde weiß nicht einmal, dass es Jona ist, um den es hier geht. Dies ermöglicht eine Identifikation mit dem dargestellten Erleben.

Parallel zur *Pantomime 2* wird der Text ab Jona 4,5 gelesen. Damit legt er die Pantomime in ihrer Bedeutung fest. Das Dramatische der Schlussverse, die das Wachsen und Verdorren des Rizinusstrauches erzählen, steigert Pantomime 2 im Vergleich zu 1 vierfach: durch das parallele Erzählen des Dargestellten, durch das Weitererzählen bis Vers 11 parallel zur Pantomime, durch das überraschende, sichtbare Aufwachsen einer *Pflanze* und durch die pantomimische Darstellung über die Erzählung hinaus!

Vorbereitung

– Zwei Dialoge müssen gespielt werden (2 Personen).
– Die Pantomime muss eingeübt werden (eine Person, eine weitere wird kurz gebraucht).
– Eine Pflanze (zum Beispiel eine Sonnenblume) mit Stiel, an der ein Nylonfaden befestigt ist, muss gebastelt werden. Für die Pflanze muss ein Haken gefunden werden, durch den sie in Pantomime 2 „hoch wachsen" kann.
– Eine Person, die die Pflanze bei Pantomime 2 hochzieht, wird gebraucht.
– Ein Hocker für die Pantomime

Ablauf des Gottesdienstes

MUSIKSTÜCK

BEGRÜSSUNG

LIED
    Seenot (siehe Anhang)

KYRIE UND GLORIA

Liturg
Lasst uns beten: Herr, unser Gott, das neue Semester hat begonnen. Wir lassen manches zurück. Wir vertrauen Dir an, was uns Sorgen macht. Wir singen gemeinsam zu Dir: Kyrie … (EG 178.9)

Viel Neues ist in den ersten zwei Tagen auf uns eingeströmt. Noch mehr wird dazu kommen. Lass es alles einen guten Platz finden. Wir singen gemeinsam zu Dir: Kyrie …

Wir denken nicht nur an uns, sondern auch an die vielen, die unter unmenschlichen Bedingungen leben. Lass uns sie nicht vergessen und ein Herz für sie haben. Wir singen gemeinsam zu Dir: Kyrie …

Wir danken Dir für die Fülle an Freude und Zukunft, die für uns bereit liegt. Lass uns mit Schwung und Kraft leben. Wir loben Dich und singen Dir zu: Gloria, gloria …(Durch Hohes und Tiefes 135)

PANTOMIME 1

Die Pantomime zu Jon 4,5–9a läuft ohne Ankündigung und Erklärung. Ziel ist, dass die Zuschauer die dargestellten Gesten und Gefühle erkennen und bei sich wiedererkennen.

– Jona kommt herein, wütend und pöbelt die Leute an (Boxerhaltung/ Stinkefinger/Ich-hau-Dir-eins-runter) … hebt Stein zum Werfen auf, lässt ihn langsam sinken … bleibt erschöpft stehen und reagiert sich langsam ab.

– Jona entdeckt einen Hocker – zieht ihn zu sich ran und setzt sich – wird müde – schläft ein.

– Der Rizinus wächst (nicht sichtbar).

– Jona wacht auf, räkelt sich und entdeckt die Staude – große Freude – stellt Hocker „darunter" und setzt sich in den „Schatten" – döst und schläft erneut ein.

– Die Staude verdorrt (nicht sichtbar).

– Jona wacht erschreckt auf, wischt sich die Stirn (Hitze) – entsetzen über den fehlenden Baum – fragende Geste zu Gott – will nicht mehr da sein.

– Jona setzt sich verzweifelt auf den Boden und schlingt die Arme um die Beine – Einer kommt und tastet Jona vorsichtig an. – Jona erschrickt und rutscht weg. – Der Gekommene versucht es noch einmal. – Jona stößt ihn weg. – Licht geht aus, Ende der Szene.

DIALOG I

Zwei anreisende Studenten (Sprecher 1 und 2).

Sprecher 1
Hast Du das gesehen? Was ist denn das für eine? Die war ja ganz schön sauer über die Leute!

Sprecher 2
Ja, ich weiß auch nicht, warum.

Sprecher 1
Aber dann hat sie sich so riesig gefreut. Hast Du nicht bemerkt, wie glücklich sie war?

Sprecher 2
Ja, aber danach war sie wieder so geknickt und verzweifelt und ließ sich durch nichts aufmuntern.

Sprecher 1
Ja. Sie ließ sich durch nichts beirren. Nicht mal der andere Typ konnte an sie ran.

Sprecher 2
Aber andererseits wirkte sie auf mich auch ziemlich selbstbewusst. Es kann auch seine guten Seiten haben, wenn man so entschieden auftritt.

Sprecher 1
Da hast Du recht. Ich weiß manchmal nicht, ob die Entscheidungen, die ich getroffen habe, die richtigen waren.

Sprecher 2
Mir fehlt mitunter auch ein bisschen die Orientierung. Ich bin neu hier und kenne noch kaum jemanden. Ich muß mich hier erst einmal zurecht-finden. Manchmal bin ich auch unsicher und frage mich, ob das, was ich vorhabe, das Richtige ist.

Sprecher 1
Sag mal, glaubst Du eigentlich, dass das, was wir hier machen vorbestimmt ist?

Sprecher 2
Hm, ich glaube schon. Ich denke, dass Gott mit jedem von uns einen Plan hat.

Sprecher 1
Ich bin mir da nicht so sicher. Wir können ja mal nachschauen, was dazu in der Bibel steht.

Lesung
Jon 1,1–3

Predigt (1. Teil)
Die Predigt ist durch ein Anspiel unterbrochen und hat zwei Teile.

Liebe Freunde,

sicher, als welche, die genau wissen, wo es lang geht, so betrachten wir oft die anderen neben uns. Schaut noch mal unauffällig nach links und rechts. Dort sitzen sie. Die haben es gut, was?

Die wissen, wo's lang geht. Als sicher in seinen Gefühlen und Haltungen haben die beiden Neuen auch den Typen erlebt, den sie vorhin mit Euch beobachtet haben.

Wie der sich freuen, wie der sich ärgern kann. So klar ... Seid Ihr neidisch?

Denkt Ihr nicht auch manchmal, und vermutlich gerade jetzt: Wenn ich nur wüsste, wo und wie es langgehen soll! Wo, wisst Ihr ja inzwischen, auch wenn das im Herzen vielleicht noch nicht so ganz angekommen ist. Es steht ja schwarz auf rosa auf Eurem Immaschein der TU oder der HS Dresden Aber wie ... das hier lang geht?

„Wenn ich das wüsste, dann hätte ich es gut."

Aber Ihr habt auch gehört, dass dieser Jonatyp es gar nicht so gut findet, dass es einen Plan für ihn gibt. Experten vermuten hier eine Plankollision. Du hast schon in den ersten Tagen gemerkt, was das ist:

Du hast Deine Vorstellungen, z.B. von Sauberkeit in der WG, und die sind nicht die gleichen wie die der anderen Mitbewohner.

Und die Profs haben ihre Literaturliste und ihr Bild von der heutigen studentischen Jugend. Aber es ist nicht Dein Gefühl von Dir selbst.

Am liebsten wieder abhauen!? Die Bibel sagt: Bringt nichts. (Mama würde es vielleicht sogar gern sehen, wenn Ihr wieder vor der Tür steht, aber Papa sagt auch: „Bringt nichts.")

Wir haben die Jonageschichte für Euch schon mal ganz gelesen. Da ist mir was aufgefallen, was ich Euch gern weitersagen will: Wir verwechseln schnell was.

Wir verwechseln uns. Wir verwechseln uns ganz schnell mit Benny und Kjeld.

Wir denken, wir sind Menschen, die vor dem großen Tor stehen und warten sollen, bis es aufgeht und jemand kommt, der einen Plan hat. (Ich hoffe Ihr kennt alle die immer wiederkehrende Anfangsszene aus den Olsenbandenfilmen.)

Wenn wir so denken, verwechseln wir auch Gott. Gott ist nicht Egon Olsen.

Egon Olsen ist tot. Gott aber ist lebendig.

Egon hatte immer einen Plan. Gott ist nicht Egon und hat keine fertigen Pläne hinter verschlossenen Türen ausgearbeitet und er taucht auch nicht ab und zu mal auf, damit wir ihn mächtig gewaltig finden.

Gott hat keinen Plan, aber er hat ein Ziel. Du fängst gerade erst an mit Deinem Semester. Du bist noch nicht fertig. Du wirst Dich, wie Dein Semester, noch entwickeln und verändern. Gott hofft das. Und er nimmt das ganz ernst. So ernst, dass er selbst bereit ist, sich zu verändern. Und er weiß, was dazu nötig ist.

Mit dieser Stadt ist das ganz genauso. Die ist noch nicht fertig. Hier muss sich viel ändern. Gott hofft das und er meint das ganz ernst. So ernst, dass er selbst bereit ist, sich zu ändern. Aber er weiß auch, was dazu nötig ist. Er sagt „Jona, Du musst..."

Und Du musst und Du und Du und Du...Ihr müsst in dieser Stadt ankommen.

Für Jona hieß die Stadt Ninive. Für Euch heißt die Stadt Dresden.

Gott will, dass Ihr in dieser Stadt ankommt. Er will, dass Ihr Euch hier auskennt, dass Ihr hier schimpft, hier genießt, dass Ihr dieser Stadt gegenüber nicht gleichgültig seid.

Gott liebt diese Stadt und sein Ziel ist, dass Ihr diese Stadt lieben lernt.

Ihr könnt natürlich abhauen; jedes Wochenende nach Hause, zu allen bisherigen Bekannten und Freunden. Ihr könnt natürlich auch nach innen abhauen; Euch zurückziehen in Eure kleine Welt, die alten Bücher lesen, dieselben Gedanken denken. Ihr könnt es aber auch versuchen, hier anzukommen. Gott macht es Euch leichter als Jona, hier zu landen und zu diesem Abschnitt Eures Lebens „Ja!" zu sagen. Gott macht es Euch leicht, hier zu landen. Gott macht es Euch leicht, diese Stadt zu lieben. Denn: Hier gibt es die ESG! (Evangelische Studentengemeinde Dresden). Wer die lieben gelernt hat, mag auch die Stadt! Lasst Euch also einladen. Gott will, dass Ihr hier landet. Das ist nicht sein Plan mit Euch. Er will, dass Ihr hier landet, damit Ihr das *Ziel* für Euch entdeckt. Und dann? Ja dann geht es los: Ihr könnt mit Anderen und mit ihm planen.

Lasst Euch locken. Jetzt von den Vertrauensstudenten:

DIALOG 2
Die Geschichte von Jona und der schönen Stadt Ninive nach Klaus Peter Hertzsch wird als Werbung, sich auf die neue Gemeinde vor Ort (ESG) einzulassen, adaptiert.

Sprecher 1
Wie schön war aus der Fern und Näh, wie schön war die Stadt Ninive. Sie hatte Mauern, stark und dick, die Wächter machten Blasmusik.

Sprecher 2
Sag mal, das ist ja eine ganz uralte Geschichte.

Sprecher 1
Meinst Du?

Sprecher 2
Aber sicher, hast Du nicht was Zeitgemäßes?

Sprecher 1
Ich kann ja mal nachsehen. Sucht. Schau mal, hier. Ich hab' was gefunden. Das könnte vielleicht besser passen.

Sprecher 2
Na lass mal hören!

Sprecher 1
Wie schön war aus der Fern und Näh, wie schön war Dresdens ESG. Sie hatte Mauern, stark und dick, die Wächter machten Blasmusik. *(auf Musiker zeigen)*

Sprecher 2
Die Villa war aus roten Ziegeln, mit schwerer Tür und Sandsteinriegeln.

Sprecher 1
Die Zimmer waren schön und bunt, die Türme spitz, die Türen rund.

Sprecher 2
Man konnte dort drei Stunden wandern, von einem schönen Raum zum andern.

Sprecher 1
Es blühten Bäume auf dem Rasen, auf denen bunte Vögel saßen.

Sprecher 2
Da gab es Beete mit Tomaten, dank bester Pflege gut geraten.

Sprecher 1
Vertrauensstudenten rannten um die Ecken und spielten mit dem GAG *(Geschäftsführender Ausschuss der Gemeinde)* Verstecken.

Sprecher 2
Dem Popen selbst gefiel es dort, man sah ihn darum oft am Ort.

Sprecher 1
Es gab ein schickes Büro für ihn, das glänzte, wenn die Sonne schien.

Sprecher 2
Und abends auf den Mauerzinnen, da hörte man den Christoph singen.

Sprecher 1
Und Gott sah aus von seiner Höh und sah auf Dresdens ESG.

PREDIGT (2. Teil)

Welche Gründe sollte es eigentlich geben, diese Leute, diese ESG, diese Stadt nicht zu mögen?

Die Bibel suggeriert nicht. Sie erzählt. Sie erzählt, dass Jona Gründe hat, sich nicht darauf einzulassen. Um es kurz zu sagen: Er hat was Besseres. Er kennt eine andere Stadt. Die heißt Tarsis. Die ist wie seine Westentasche: klein, übersichtlich und hat Winkel, in denen sich Vieles verlieren und verstecken kann. Und wenn man erst einmal eine Stadt wie Tarsis kennt, finden sich noch mehr Gründe, mit denen man sich selbst etwas vormacht.

Jona kennt Tarsis. Er weiß, wo Tarsis liegt. Man muss nur hinunter gehen … Was Jona nicht klar ist, dass es auch mit ihm bergab gehen wird: hinunter zum Meer. Hinunter in den Bauch des Schiffes. Und es wird nicht der letzte Bauch sein, in dem er landet. Das alles ist schon Tarsis, die kleine, selbst zurecht gemachte Welt. Die kann er sich vorstellen.

Jona kann sich nicht vorstellen, dass sein Platz in einem größeren Zusammenhang ist. Aber Gott hat diese Vorstellungskraft. Er will selbst in dieser großen Stadt sein. Es wird erzählt, dass er selbst drei Tage braucht, um diese Stadt zu durchqueren. Und man kann daraus schließen, dass es ihm um alle Menschen, um die ganze Welt geht. Am Ende wird die Zahl 120.000 genannt und Gott hofft, dass das für Jona 120.000 Gründe sind, seinen Horizont zu erweitern.

Seinen Horizont erweitert man vor allem in der Gemeinschaft.

Wir in der ESG glauben, dass das vor allem passiert, wenn man das Leben selbst in seiner Fülle kennen und lieben lernt.

Das passiert, in dem man miteinander feiert, miteinander und mit Gott über das Wesentliche redet, fair streiten lernt und sich engagiert, also auch von sich weg leben lernt. Wenn wir so was hören, haben wir oft Angst. Wir befürchten, dass wir vereinnahmt werden und uns dabei selbst vergessen und dann nicht mehr vorkommen. Eine berechtigte Sorge. Aber es gibt auch die andere Seite. Manchmal wird sie zur Krankheit. Jona hat diese andere Krankheit. Er ist zu sehr bei sich. Er stellt sich das Leben in der eigenen Westentasche vor. Er hat vergessen, dass er nicht abendfüllend ist. Er weiß nicht, dass er in Tarsis verkümmern wird.

Ich, mein Studium, meine Karriere oder die anderen, die Gemeinschaft, die Gemeinde, die Stadt?

Für Gott und seine Leute schließt sich das nicht aus. Im Jonabuch werden beide, der Einzelne und die große Stadt zusammen ernst genommen. Für Gott spiegelt sich der große Zusammenhang in der Zuwendung zum Einzelnen wider. Er weiß, dass für die große Stadt die eigenen kleinen Schritte und Gesten notwendig sind.

Wo die Geschichte mit der Stadt am Ende scheint, fängt die Geschichte mit Jona wieder an.

Am Ende, wirklich am Ende, ist er wieder draußen vor der Stadt. Seine alte Krankheit ist wieder ausgebrochen: Er hat es vermutlich mit den Augen und mit dem Herzen. Er sieht alles kleinkariert und stirbt fast vor Selbstmitleid.

Und Gott? Hat ein klares Auge dafür. Und ein weites Herz. Er sieht, was der Einzelne braucht, nimmt es ernst und schenkt Jona einen Baum. So wenig macht ihn glücklich! Weil es nur für ihn ist.

Jona ist wieder in seiner kleinen Welt. Aber er fühlt sich nicht wohl. Sie ist zu anfällig und zu eng, um glücklich zu machen. Gott macht seine Welt weit. Nicht mit Ratschlägen, nicht mit Vorwürfen. Gott stellt Fragen. Es sind gute Fragen. Fragen, die nur für Jona sind und die ihm die Chance geben, seinen Horizont zu weiten. 120.000fach. So einen großen Horizont kann sich Gott für Jona vorstellen. Es ist seine eigene große Zuwendung, die er verschenken will. Ob Jona Platz hat für diese Großzügigkeit?

LIED

LESUNG UND PANTOMIME 2
Jon 4,9b–11

Lektor
Die zweite Lesung steht bei Jona im vierten Kapitel. Dazu bleiben wir sitzen. „Jona verließ die Stadt in Richtung Osten."

Pantomime
Jona kommt rein, wütend und pöbelt die Leute an (Boxerhaltung/Stinkefinger/Ich-hau-Dir-eins-runter) ... hebt „Stein" auf, lässt ihn langsam sinken ... bleibt erschöpfend stehen und reagiert sich langsam ab

Lektor
„In einiger Entfernung hielt er an und machte sich ein Laubdach. Er setzte sich darunter, um zu sehen, was mit der Stadt geschehen würde."

Pantomime
Sieht Hocker – zieht ihn zu sich ran und setzt sich – wird müde – schläft ...

Lektor
„Da ließ Gott eine Rizinusstaude über Jona emporwachsen, die sollte ihm Schatten geben und seinen Ärger vertreiben."

Pantomime
Rizinus wächst – Eine Papiersonnenblume wird hochgezogen.
Jona wacht auf, räkelt sich und entdeckt die Staude – große Freude – stellt Hocker „darunter" und setzt sich in den „Schatten" – döst und schläft ein ...

Lektor
„Aber früh am Morgen schickte Gott einen Wurm. Der nagte die Wurzel an, so dass der Rizinus verdorrte."

Pantomime
Staude verdorrt – Papiersonnenblume geht ein.

Lektor
„Als dann die Sonne aufging, ließ Gott einen heißen Ostwind kommen. Die Sonne brannte Jona auf den Kopf und ihm wurde ganz elend."

Pantomime
Jona wacht erschreckend auf, wischt sich die Stirn (Hitze) – Entsetzen über keinen Baum – fragende Geste zu Gott – will nicht mehr dasein.

Lektor
„Er wünschte, er könnte sterben und sagte: Ich möchte am liebsten tot sein."

Pantomime
Jona setzt sich verzweifelt auf den Boden und schlingt die Arme um die Beine …

Lektor
„Aber Gott fragte ihn: Hast Du ein Recht dazu, wegen dieser Pflanze so zornig zu sein? Doch, sagte Jona, mit vollem Recht bin ich zornig und wünsche mir den Tod!

Da sagte der Herr: Schau her, Du hast diese Staude nicht großgezogen, Du hast sie nicht gehegt und gepflegt; sie ist in der einen Nacht gewachsen und in der anderen abgestorben. Trotzdem tut sie Dir leid. Und mir sollte nicht diese große Stadt Ninive leid tun, in der mehr als 120.000 Menschen leben, die rechts und links noch nicht unterscheiden können, und dazu noch die vielen Tiere?"

Pantomime
Jona ist noch unentschlossen, überlegt, springt dann aber auf und umarmt spontan einige Zuschauer … setzt sich dann hin. Ende der Szene.

LIED
Alles wird gut (siehe Anhang)

EINFÜHRUNG DER NEUEN VERTRAUENSSTUDENTEN

LIED

FÜRBITTENGEBET

ABENDMAHL

MUSIKSTÜCK

ANSAGEN

SEGEN
Der Segen kann am besten von drei Personen gesprochen werden.

Liturg
Nehmt den Frieden Gottes mit

Sprecher 1
in diesen Abend,

Sprecher 2
in diese Woche,

Liturg
in dieses Semester.

Sprecher 1
Nehmt ihn mit in Eure Herzen und Häuser,

Sprecher 2
in die Hörsäle und Wohnheime,

Liturg
in die Straßen dieser Stadt und in Eure Welt. Steht auf zum Segen.

Die Gemeinde steht auf.

Sprecher 2
Der Herr gebe Dir einen festen Schritt, wenn Du das erste Mal den über-
füllten Hörsaal betrittst.

Liturg
Der Herr sei schon da, wenn Du nach einem langen Uni-Tag in Dein leeres
Zimmer kommst.

Sprecher 1
Der Herr schenke Dir gute Pausen für ein gutes Essen und ein freundliches
Gegenüber beim Löffeln.

Sprecher 2
Der Herr trockne Deine Tränen, wenn Du Heimweh hast und lass Dich
hier neue Heimat entdecken.

Liturg
Der Herr schenke Dir einen klaren Blick, wenn Du in der großen Stadt die
Übersicht verlierst.

Sprecher 1
Der Herr schenke Dir Gelassenheit, wenn Du die Liste der Bücher siehst,
die Du unbedingt lesen solltest.

Sprecher 2
Der Herr schenke Dir, dass Du Feuer fängst und Wissen Dir lebendig wird.

Liturg
Der Herr schenke Dir das Glück, das es außerhalb des Studierens gibt.

Sprecher 1
Der Herr schenke Dir Gesundheit.

Sprecher 2
Der Herr schenke Dir die Stille, um auf die Signale Deines Körpers zu hören.

Liturg
Der Herr schenke Dir neue Freunde, die mit Dir hier durch Dick und Dünn gehen.

Sprecher 1
Der Herr schenke Dir seine Nähe, wenn Du Dich von allen verlassen fühlst.

Sprecher 2
Der Herr schenke Dir das Staunen über seine liebevolle Art, Studierende zu begleiten.

Liturg
Der Herr schenke Dir Freude am Denken, Fühlen und Dich-Ausprobieren.

Sprecher 1
Der Herr segne Deine Eltern und Geschwister und alle, die jetzt weit weg sind.

Sprecher 2
Er segne Dich und Deinen Nächsten, der Dich jetzt hier braucht.

Liturg
So segne Dich der allmächtige und barmherzige Gott. Amen.

MUSIK

12. Lichtermeer

Bibelstellen:
Ihr seid das Licht der Welt (Mt 5,14) und andere

Hintergrund

Entstehungsgeschichte

Für den Semesterabschlussgottesdienst Ende Januar 2006 wollten wir etwas Besonderes, Stimmungsvolles. Da es sich um einen Abendgottesdienst handelte, noch dazu in der dunklen Jahreszeit, sahen wir intuitiv ganz viele Kerzen vor unserem geistigen Auge. Das Thema „Lichtermeer" war bald gefunden.

Dramaturgische Struktur

Der Gegensatz von Licht und Dunkel bestimmt in seiner doppelten Steigerung den gesamten Gottesdienst. Die Erfahrung „furchtbares Licht" steigert sich und endet abrupt. Von diesem Nullpunkt aus baut sich die Erfahrung „wunderbares Licht" auf und steigert sich ebenfalls.

Gerade die traditionellen Elemente des Gottesdienstes sollen in dieses Licht getaucht erlebt werden und die Gottesdiensterfahrung über die Kirchenmauern hinaus leuchten. Das Besondere dieses Gottesdienstes im Blick auf die dramaturgische Liturgik liegt in der dichten szenischen Animation am Anfang, die auf den Nullpunkt Dunkelheit zusteuert, dort ihren Umschwung erfährt und die Spannung über den verbleibenden Teil des Gottesdienstes mit seinen traditionellen Elementen hält.

Methodische Umsetzung

Durch eine *szenische Darstellung mit Lichtanimation,* die mit Lichtpunkten beginnt, soll Licht, durch Worte verstärkt, ins Unerträgliche gesteigert werden bis es abrupt abbricht und nur noch irrlichtert. In diese dunkle Stille hinein wird eine *große Kerze als Symbol für das Licht der Welt (Christus)* herein getragen. Von diesem Lichtpunkt ausgehend verändern sich die Worte, die *biblischen Texte,* das Licht und damit das Erleben. Auf diese Lichteindrücke folgt eine längere Zeit der Dunkelheit. Es wird erlebt, wie schwer es ist, *Dunkelheit* auszuhalten. Dann werden ins Dunkel hinein *biblische Texte,* die die Finsternis negativ darstellen, gesprochen. *Einer betritt den Raum* mit den Worten „Jesus Christus spricht: Ich bin das Licht der Welt" und trägt eine *brennende Kerze* herein. Nun folgt eine Lesung von *Bibeltexten*, die der Finsternis Positives beimessen. Hinter diesem letzten Teil steht der Gedanke, dass durch das Licht der Welt, durch Jesus, die Finsternis ihren Schrecken verloren hat. So endet dann auch die szenische Darstellung mit dem Taizé-Liedvers „Meine Hoffnung und meine Freude".

Das *Abendmahl* wird in diesem Gottesdienst vor der Predigt in einem einzigen großen Kreis gefeiert. Eingeleitet wird es durch die *Fürbitten der Sprecher*. Die Gottesdienstbesucher sind eingeladen, ein Teelicht anzuzünden. Während des Abendmahls blicken wir so auf ein *Lichtermeer*. Die erst danach folgende *Predigt* und zwei selbstgeschriebene *Gedichte* vor dem *Segen* setzen den Akzent erst jetzt auf unsere eigene Aktivität.

Vorbereitung

– Die Stühle im Gottesdienstraum werden, wenn möglich, in großen Halbkreisen um den Altar aufgestellt.
– Auf jedem Sitzplatz befindet sich ein Teelicht.
– Technik, die Lichtpunkte und dann Blitze erzeugen kann, wird benötigt.
– 5 Sprecher mit je einer Taschenlampe und 5 Hocker werden gebraucht. Einer davon, oder ein weiterer Sprecher, trägt das Christuslicht herein. Die Lichtanimation mit Text muss unbedingt geübt werden!
– Bemalte Plakate, die als Untersetzer für die Teelichte dienen, liegen vor dem Altar.
– Halb mit Sand gefüllte Gläser und Teelichte stehen am Ausgang bereit.

Ablauf des Gottesdienstes

MUSIK

BEGRÜSSUNG

LIED

AKTION LICHTSCHOCK MIT TEXTEN UND LESUNGEN
Nach dem Lied wird es für kurze Zeit schlagartig dunkel, um die Gottesdienstbesucher für den nachfolgenden Lichtschock empfindsam zu machen. Große bunte Lichtpunkte kreisen zunächst langsam, dann schneller und schneller werdend durch den Raum, dazu zucken grell-weiße Blitze in immer kürzeren Abständen auf. 5 Sprecher stehen hinter den letzten kreisförmig

angeordneten Stuhlreihen an den Wänden des Kirchraums und beginnen par-
allel zu den Lichteffekten erst langsam und dann immer schneller und lauter
werdend, erst nacheinander, später durcheinander, nervige Werbeslogans auf-
zusagen bzw. herauszubrüllen, um so verstärkt durch den Lärm Licht als
schrecklich, krankmachend, nervtötend und belastend erlebbar zu machen.

Sprecher 1
Auf diese Steine könne Sie bauen!

Sprecher 2
Geiz ist geil!

Sprecher 3
Bild Dir Deine Meinung!

Sprecher 4
Ich bin doch nicht blöd!

Sprecher 5
Fakten, Fakten, Fakten!

Sprecher 1
Auf diese Steine könne Sie bauen!

Sprecher 2
Geiz ist geil!

Sprecher 3 …

Sprecher 4 …

Nach kurzer absoluter Dunkelheit und Stille wird die Gemeinde mit „Irrlich-
tern" unseres Alltags konfrontiert. Die kurzen Sätze werden nacheinander
langsam gesprochen, wobei sich die Sprecher mit Taschenlampen von unten ins
Gesicht leuchten. Durch die Licht-Schatten-Kombination wirken sie ziemlich
abschreckend.

Sprecher 1
knipst seine Taschenlampe an
Heute ist Party bei Susanne, morgen bei Sibylle, am Samstag beim Thomas.
Das darfst Du nicht verpassen. Du musst überall hin. Lauf, lauf , lauf.
knipst seine Taschenlampe aus

Sprecher 2
knipst seine Taschenlampe an
Ja, das verstehe ich gut, das kenne ich auch, das habe ich auch schon immer
gesagt.
knipst seine Taschenlampe aus

Sprecher 3
knipst seine Taschenlampe an
Du musst Dich auf Dein Studium konzentrieren, Du darfst Dir nichts
gönnen. Du willst doch kein Versager sein, oder?
knipst seine Taschenlampe aus

Sprecher 4
knipst seine Taschenlampe an
Du musst Dich beliebt machen, um im Leben weiter zu kommen.
knipst seine Taschenlampe aus

Sprecher 5
knipst seine Taschenlampe an
Wenn eh über 20 Prozent in die Verwaltung gehen, lohnt es sich gar nicht
zu spenden.
knipst seine Taschenlampe aus und geht aus dem Raum um die Kerze zu holen

*Das Licht wird gelöscht und einige Zeit wird die Dunkelheit, ohne dass etwas
passiert, ausgehalten. Die übrigen Sprecher lesen folgende, negative Bibelstellen zu Finsternis normal und langsam von ihren Hockern. Zum Lesen im
immer noch dunklen Raum werden nur die Taschenlampen benutzt.*

Sprecher 1
Unser Volk wandelt im Finstern.

Sprecher 2
Überall ist Finsternis.

Sprecher 3
Es gibt viele, die da sitzen in Finsternis und Dunkel, gefangen in Zwang
und Angst.

Sprecher 4
Und die Erde war wüst und leer und es war finster auf der Tiefe. (Gen 1,2)

Bevor eine große, brennende Kerze herein getragen wird, ist kurz Stille.

Sprecher 5
trägt eine große Kerze herein und spricht dazu mehrmals:
Jesus Christus spricht: Ich bin das Licht der Welt. (Joh 8,12)
Dann stellt er die Kerze auf die vor dem Altar liegenden Plakate ab.

Sprecher 1
Das Volk, das im Finstern wandelt, sieht ein großes Licht. (Jes 9,1)

Sprecher 2
Das Licht scheint in der Finsternis. (Joh 1,5)

Sprecher 3
Und er führte sie aus Finsternis und Dunkel und zerriss ihre Bande. (Ps 107,14)

Sprecher 4
Und Gott sprach: Es werde Licht. Und es ward Licht. (Gen 1,3)

Das folgende Lied soll bekannt sein und ohne Ansage angestimmt werden.

LIED

Meine Hoffnung und Freude, meine Stärke, mein Licht
(Singt von Hoffnung 98)

ANSAGE ZU AKTION GEBET, LICHTERMEER UND ABENDMAHL

Wir feiern in diesem Gottesdienst jetzt Abendmahl. Es klingt formelhaft, aber es ist das Geheimnis dieser Feier, dass uns in ihr Christi Gegenwart versprochen ist. Lasst Euch einladen, Brot und Wein und damit das Licht, das von Christus ausgeht, miteinander zu teilen.
Wir geben das Brot weiter mit den Worten: Christi Leib für Dich gegeben. Und den Kelch geben wir weiter mit den Worten: Christi Blut für Dich vergossen. Im Kelch links von mir ist Traubensaft.
Wir bitten Euch heute, alle gemeinsam nach vorn zu kommen, wenn wir das „Heilig, heilig" singen. Jeder soll an der großen oder an unseren Kerzen das Licht, was er auf seinem Platz gefunden hat, anzünden und um das Christuslicht herumstellen. Danach bilden wir gleich einen großen Kreis hinter den Stühlen.
Jeder ist eingeladen, niemand gezwungen. Wer im Kreis steht und Brot und Wein nicht empfangen will, gibt es einfach weiter.

GEBET, LICHTERMEER UND ABENDMAHL

Sprecher 1
kommt mit Kerze nach vorn, brennt sie am Christuslicht an
Lasst uns beten und einstimmen in das: Herr erbarme Dich.
Großer, guter Gott, wir bitten Dich, dass wir das Licht in uns wahrnehmen. Du hast uns geschaffen. Wir sind Deine Kinder. Lass uns aufmerksam sein für uns.
Wir rufen gemeinsam zu Dir: Herr erbarme Dich.

Sprecher 2
kommt mit Kerze nach vorn, zündet sie am Christuslicht an
Wir beten für alle, deren Leben dunkel ist, weil Christus fehlt. Gib ihnen eine Chance, von ihm zu hören und öffne ihr Herz. Wir rufen gemeinsam zu Dir: Herr erbarme Dich.

Sprecher 3
kommt mit Kerze nach vorn, zündet sie am Christuslicht an
Wir beten für alle, die jetzt im Prüfungsstress sind. Schenk ihnen gute Begleiter und genug Kraft, um alles zu bewältigen. Wir rufen gemeinsam zu Dir: Herr erbarme Dich.

Sprecher 4
kommt mit Kerze nach vorn, zündet sie am Christuslicht an
Wir beten für alle, die nach diesem Semester aus Dresden wegziehen. Sei Du ihr Begleiter. Dein Licht leuchte ihnen auf neuen Wegen. Wir rufen gemeinsam zu Dir: Herr erbarme Dich.

Sprecher 5
kommt mit Kerze nach vorn, zündet sie am Christuslicht an
Wir beten für alle, die über ihren eigenen Schatten springen wollen. Zeig ihnen, wie das geht und fang sie auf, wenn es nicht gleich gelingt. Wir rufen gemeinsam zu Dir: Herr erbarme Dich.
Die Sprecher bleiben vorn stehen.

Liturg
beginnt mit dem Abendmahlsgebet
Herr, unser Gott: Du weißt, was uns bewegt. Wir vertrauen darauf, dass Du unsere Gebete erhörst. Du bist unsere Zuflucht, Du bist unsere Stärke. Fülle unsere Herzen mit Deiner Freude.

Sprecher 1
Wir danken Dir, dass Du uns einlädst. Wir kommen mit dem, was wir haben und mit dem, was wir sind. Wir kommen mit viel Helligkeit im Herzen und mit unseren dunklen Seiten.

Sprecher 2
Wir vertrauen Dir an, wo wir selbst in Dunkelheit verstrickt sind, wo wir uns und andere und nicht zuletzt Dich übersehen haben. Vergib uns unsere Schuld, lass uns miteinander und mit Dir neu anfangen. Mach unser Leben hell und richte uns neu aus.

Sprecher 3
Wir danken Dir für Deine Nähe, die Du uns schenkst in Deinem Sohn Jesus Christus. Das ist das unbegreifliche Geheimnis, das uns trägt und hält Tag für Tag.

Sprecher 4
Himmlischer Vater, heilige dieses Brot und diese Frucht des Weinstockes, damit sie uns zum Zeichen des neuen Lebens werden in Christus. Lass uns in Deiner Schöpfung leben wie Erlöste indem wir vorwegnehmen, was uns einst blüht in Deinem Reich.

Sprecher 5
Wie aus vielen Körnern das Mehl gemahlen und ein Brot daraus gebacken wird, und wie aus vielen Beeren gekeltert Wein und Trank fließen, so lass uns alle in diesem Mahl ein Leib werden in Jesus Christus.

Liturg
Ja, es ist recht, Dir zu danken, es ist gut, Dich zu preisen, heiliger Gott, Du Vater des Lebens.

Sprecher 1
Wir loben Dich im Namen Deines Sohnes Jesus Christus.

Sprecher 2
Durch ihn wird Dein heiliger Name gepriesen vom Anfang der Sonne bis zu ihrem Niedergang.

Sprecher 3
Durch ihn erfüllst Du Deine Geschöpfe mit Segen.

Sprecher 4
Darum preisen wir Dich mit allen, die zu Dir gehören und singen das Lob Deiner Herrlichkeit.

HEILIG, HEILIG, HEILIG
dabei geht die Gemeinde nach vorn, zündet ihr Licht an und bildet einen großen Kreis, am Ende des Anzündens stehen zwei Sprecher neben dem Liturgen hinter dem Altar, die anderen im Kreis verteilt. Das Abendmahl verläuft weiter, wie es üblich ist.

LIED
Wo Zwei oder Drei (siehe Anhang)

PREDIGT

Ihr Lieben,

Jesus Christus spricht: Ich bin das Licht der Welt (Joh 8,12). Zentrale Aussage der Bibel. Ein wunderbarer Selbstanspruch. Das verleiht Ansehen, Würde, Autorität, Macht. Aber wie dumm muss jemand sein, der seine Macht so leichtfertig aufs Spiel setzt, wenn er gleichzeitig verkünden lässt: „Ihr seid das Licht der Welt!". So steht es bei Matthäus im 5. Kapitel – Bergpredigt. Zentrale Aussage der Bibel. Wenn es nicht Dummheit ist, ist es Programm. Darüber will ich mit Euch nachdenken am Ende dieses Semesters. Dieser Satz ist wie ein Brennglas unseres Selbstbildes, Gottes- und Weltbildes. Die „Ihr-seid-das-Licht-der-Welt-Predigt" könnte also drei Teile haben, hat aber fünf.

1.Teil: Ihr

Jesus redet zu seinen Jüngern. Ihr seid gemeint. Aber Ihr seid nicht als Einzelne gemeint. Ihr seid als Einzelne wichtig, aber wenn wir auf unser Lichtsein angesprochen werden, wird nicht vom Ich und vom Du geredet. Christus, das Licht der Welt, hat sich eine Gruppe als Gegenüber gewählt, keine Sektierer, keine Individualisten, keine Einzelkämpfer. Seine (geeinte) Kirche, seine Gemeinde, Euch. Christus sieht unser Potential nicht in der Summe von Einzelnen. Zu Kommunistenzeiten konnten wir leichter verstehen, was das heißt. Da war es Allgemeingut, dass die Gemeinde Gottes am besten seine Sache vertritt. Der Satz: „Ihr seid das Licht der Welt", schärft unsere Sinne, wenn wir gelockt werden, individuell und personenzentriert zu denken und zu handeln. Das Licht der Welt ist antihierarchisch. Die geeinte Kirche ist Licht, nicht eine, auch nicht die, die sich katholisch nennt. Die ESG ist nicht der Pope. Mein, Dein Glaube, Deine persönliche Fähigkeit ist nicht der Maßstab unserer Leuchtkraft nach außen. Wenn die Fußballnationalspieler das begreifen würden, hätte Deutschland im Sommer eine Chance. Aber wir haben leider nur hochbegabte, supergute Spieler. Vielleicht stehen die zu viel in der Zeitung und lesen zu wenig Bibel.

2. Teil: Seid

„Ihr seid das Licht der Welt." Wie hört Ihr das? Ich hör das vor allem als Anspruch: Ich müsste eigentlich … oder: Wenn ich Licht der Welt sein will, müsste ich, sollte ich aber doch wenigstens… Kann ich alles hören. Steht hier aber nicht. „Ihr seid": In dieser Welt ist Licht und das seid Ihr. Ungeheuer! Mir wird ein wenig bange. Aber ist es nicht das, wovon wir träumen? Lasst Euch das als Christen heute mal ganz langsam gesagt sein: Ihr seid. Und es ist gut, dass Ihr seid. Und es ist genug, dass Ihr seid. Ich fühle mich ungläubig an dieser Stelle. Es fällt mir so schwer, genau dies zu glauben. Aber ich ahne meine Erlösung. Die steckt genau dahinter. Das Wesentliche kommt zum Vorschein, wenn ich nur noch bin. In diesem einen Satz steckt das Versprechen, dass etwas Schönes zum Vorschein kommt, wenn wir sind, nur sind. Nehmt dieses Versprechen tief in Euch auf. Es ist das Gegenmittel gegen Verunsicherung, die denkt, dass wir immer noch was drauf legen müssen auf unser Sein, wenn wir anderen begegnen. Wir reichen aus. Ihr seid …

3.Teil: das

Bücher gibt es viele. Autos gibt es viele. Männer und Frauen gibt es viele. Lichter gibt es viele. Aber wenn es um das Buch geht, um das Auto, die Frau, den Mann, das Licht, sind die Alternativen verschwunden.

Ihr seid das Licht der Welt. Zu uns gibt es keine Alternative. Wir sind unersetzbar. Christen in der Gesellschaft sind nötig, weil sie Werte verkörpern? ESG, weil Gemeinschaft gut fürs Studium ist? Das ist richtig, aber viel zu flach. Christen in der Gesellschaft sind nötig, weil sie Christen sind. ESG an der Uni ist nötig, weil wir Christen sind. Gregor Gysi ahnt da was, wenn er sagt: „Unsere Gesellschaft ohne Christen? Der Gedanke macht mir Angst." Es wird Zeit, dass wir unsere depressive Grundhaltung: „Ich bin Christ, entschuldigen Sie bitte, dass ich da bin," aufgeben. In unserer Gemeinschaft gibt es das, was Licht für die Welt ist. Natürlich sind wir da unsicher, was das genau ist und wo das vergraben ist. Deshalb treffen wir uns ja, um diesen Schatz zu heben. Alternativlos zu sein ist schön, aber bedeutet auch eine Last. Die Last der Verantwortung. Und da bin ich froh, dass der ICH-Satz vom Licht der Welt nicht meiner ist. Und dass die Mehrzahl keine Selbstüberhebung sein kann, weil er ja Zusage ist: Ihr seid das Licht der Welt.

4. TEIL: DER WELT

Schön, wenn wir uns in der Liebigstraße 30 wohl fühlen, wenn wir's dort gemütlich haben und uns mögen. Schön, wenn wir so einladend wirken, dass immer mal Neue ihre Nase durch die Tür stecken und gerne wieder kommen. Das Jesuswort „Ihr seid das Licht der Welt" erinnert uns, vielleicht schmerzlich, daran, dass wir nicht Selbstzweck sind. Ihr seid für die Welt da. Die ESG hat eine Funktion an der Uni. Das hat sich nicht die Landeskirche ausgedacht. Es ist auch nicht unsere Entscheidung, wo wir die Grenze setzen: z.B. sagen: wenn wir 150 Leute sind, machen wir dicht. Es geht um die Menschheit. Für uns als ESG um die Menschheit an der Uni. Wir sind darauf bezogen.

5. TEIL: LICHT

Das Kernwort am Ende. Wovon ist eigentlich die Rede, wenn es heißt, dass wir das Licht sind? Um welche Art von Licht geht es? Nicht unsere Lichterfahrung bestimmt, was wir für Licht sind, sondern unsere Christusbegegnung. Der, der von sich gesagt hat: „Ich bin das Licht der Welt", macht die Vorgabe. Christus, das Licht, ist einer Kerze gleich, die sich verzehrt. Er hat sich geopfert. Was bedeutet das für uns als Licht? Es bedeutet nicht, dass wir unser Selbstwertgefühl über unsere Opferbereitschaft aufbessern. Das halte ich für eine Falle. Es bedeutet, dass wir etwas von uns weg wollen. Dass wir uns für Gott, für andere Menschen, für gute Projekte einsetzen. Und es bedeutet, dass wir wissen, dass Engagement nicht ohne persönlichen Einsatz möglich ist. Es bedeutet, dass Lichtsein nicht spurlos an uns vorüber gehen wird. Es bedeutet, dass wir etwas von Herzen tun. Aus Liebe. Wer liebt, der kommt nicht unbeschadet davon. Das Licht, das von Christus aus strahlt und das unser Licht in der Welt ist, ist nicht das kalte Scheinwerferlicht, das Informationen von Verhörten erpresst. Es ist warmes, zugewandtes Licht, von Anfang an. Es lässt sich mit dem warmen Licht einer Kerze vergleichen. Das Besondere am Kerzenlicht ist, dass es ein warmes Spiel aus Licht und Schatten zulässt. Wir bekommen dadurch ein besonderes Gesicht. Unser Gesicht wird durch Christus. Unsere Einmaligkeit besteht aus Licht und Schatten. Deshalb ist in den Begegnungen, die wir im Namen Christi als Licht der Welt haben, Platz für Schatten. Ihr seid Licht der Welt, wenn Ihr den Anderen zulasst, wie er ist: mit seiner Trauer, mit seiner Resignation, mit seiner Schuld, mit seiner Angst, mit allem, was für ihn oder Dich Schatten ist. Schatten sind keine Schande.

Christus, das Licht, ist einer Kerze gleich. Sein Licht setzt auf die Wirkkraft mit der Größe eines Senfkorns. Wenn Ihr Licht der Welt seid, sieht das meist so aus, dass Ihr Euch klein vorkommt. Das ist eine realistische Einschätzung. Aber es gibt die Erfahrung, dass die Gefängnisstaaten mit Allem rechnen, „nur nicht mit Gebeten und Kerzen". Ein einziges kleines Licht bricht die 100%-Marke der Dunkelheit. Ein einziges Gebet macht eine Stadt nicht mehr gottlos. Die propagandistische Losung: „Alle sind in der Partei" konnte ein einziger Parteiloser in ihr Gegenteil verwandeln: Durch ihn musste es heißen: Nicht alle sind in der Partei. Das kleinste Licht hat viel Macht. Gottes Macht ist Macht, die sich teilt und mitteilt. Sie ist als Licht dieser Welt aufscheinendes Zeichen für eine bessere Welt voller Licht. Wir machen die Nacht nicht zum Morgen, aber wir zeigen an, dass die Nacht ihre Allmacht verloren hat. Genug geredet. Lasst uns leuchten. Denn: Jesus Christus spricht: „Ihr seid das Licht der Welt."

Amen.

GEDICHTE

Die selbst geschriebenen Gedichte schließen sich direkt an die Predigt ohne Ankündigung an.

Ein Blick
hören das Licht
seine Stille
die atmet
in Weite
voller Klang
ertönt umarmende Wärme
in sich hell
so ruhig im Friedensschlaf
Von Außen –
Von Fernem
innen
ein Spüren
stiller Lebenskraft
wie sie
eine sanfte Helligkeit
in sich Lebendigkeit
schafft.

Miriam Dörrie

Lass Dein Licht leuchten, rede im Licht,
Du hast als Christ etwas zu sagen,
sei Dir bewusst: Dein Wort hat Gewicht.

Lass Dein Licht leuchten, rede im Licht,
zieh Dich nicht zurück in Deine Welt,
zeige vor Anderen Gesicht.

Lass Dein Licht leuchten, rede im Licht,
gib Anderen Kraft und Zuversicht,
zeige Verantwortung, Gerechtigkeit,
nimm Dir Außenzeit.

Du kannst Funke sein, auf andere überspringen,
kannst ein Meer von Licht entzünden,
Neuanfang und Wandel bringen.

Du bist Flamme im Lichtermeer der Christenheit,
bist ein Teil des großen Ganzen
und gleichzeitig Besonderheit.

Bettina Reinköster

Lied

Ansagen

Segen

Der entfaltete Segen ist für alle fünf bisher beteiligten Sprecher und den Liturgen gedacht.

Liturg
Geht in diese Nacht, geht in die vorlesungsfreie Zeit, geht in das neue Leben mit der Zusage Christi, dass er Euer Licht ist. Steht auf zum Segen:

Sprecher 1
Weil Dein Leben nicht ausgeleuchtet vor Dir liegt und Du nicht weißt, was nach dieser Nacht kommt:

Sprecher 2
Christus ist Dein Licht.

Sprecher 3
Weil Dir bange ist vor der nächsten Prüfung und Du nicht weißt, wie dunkel es in Deinem Kopf sein wird:

Sprecher 4
Christus lass Dir auch dort ein Licht aufgehen.

Sprecher 5
Weil Du Schatten in Deinem Leben kennst und darüber erschrickst:

Liturg
Christus sagt Ja zu Dir.

Sprecher 1
Weil Du unsicher bist, ob Dein Weg überhaupt der richtige ist:

Sprecher 2
Christus leuchte Dir mit seinem Leben voran.

Sprecher 3
Weil Du Sehnsucht nach Liebe und Geborgenheit kennst:

Sprecher 4
Christus will, dass Dir Menschen in Liebe begegnen.

Liturg
Weil Du nicht wissen kannst, ob Du jemals ankommst auf Deinem Weg:

Sprecher 1

Christus ist da Licht, das Dir entgegen kommt.

Sprecher 2
Weil Du Dir manchmal klein und unbedeutend vorkommst:

Sprecher 3
Christus meint Dich mit, wenn er sagt: Ihr seid das Licht der Welt.

Sprecher 4
Weil Du den ganzen Weg nicht kennst:

Sprecher 5
Christus leuchte Dir für den nächsten Schritt.

Liturg
Dazu segne Dich Gott, der Gnädige und Barmherzige. Der Vater, der Sohn und der heilige Geist. Amen.

MUSIK

AKTION
Am Ausgang werden mit Sand gefüllte Gläser mit Teelichten ausgegeben. Sie werden von Gottesdienstbesuchern links und rechts auf dem Fußweg von der Kirche zum 200 Meter entfernten Gemeindehaus gestellt, erleuchten den Hinüberwandernden den Weg und machen nächtliche Spaziergänger neugierig.

13. Zeit

Bibeltext:
Alles hat seine Zeit (Pred 3,1–15)

Hintergrund

Entstehungsgeschichte

Aus Touristen und den Teilnehmern aus den sächsischen Studentengemeinden, die sich zu einer 24-Stunden-Akademie getroffen hatten, bestand die zu erwartende Gemeinde im Dom zu Meißen an diesem Sonntag im Sommer 2005. Die Vorbereitungsgruppe hatte die Vorgabe des Raumes, der zu erwartenden gemischten Gottesdienstgemeinde, des Akademiethemas „Einfach leben", sowie die Zeitrestriktion von 45 Minuten zu beachten. Die Entdeckung der Vorbereitungsgruppe: Die Folgeverse des bekannten Textes „Alles hat seine Zeit" enthalten viele aktuelle, spannende Gedanken. Diese sind aber weitgehend unbekannt.

Dramaturgische Struktur

Das Besondere an diesem Gottesdienst im Blick auf die dramaturgische Liturgik liegt in der Spannung zwischen Thema und zeitlos wirkendem Kirchenraum, im Gegensatz liturgischer traditioneller Einfachheit und der Vielzahl der Liturgen und Prediger und in der konsequent durchgehaltenen Zuordnung von Inhalten und Personen in Sprechmotette, Predigt, Gebet und Segen.

Methodische Umsetzung

Die Grundbewegung ist die Entfaltung des Themas im Kirchenraum. Dem *Kyrie* und *Gloria* vom gewohnten Ort aus folgen Sätze aus Prediger 3, die als *Sprechmotette* im Kirchenraum beim Gehen gesprochen werden und im Zusammenkommen im Altarraum münden. Die *Lesung* ist der Abschluss und Ruhepunkt der Bewegung. Aus dieser Gruppe löst sich dreimal ein Paar und predigt nacheinander über einen Gedanken aus dem Text. Die einzelnen Personenpaare unterstreichen die Gliederung der *Predigt*, ergänzen sich und geben so dem Hörer die Möglichkeit, sich selbst im Gedankengang des Predigtgesprächs zu orten. *Gebet* und *Segen* werden ebenfalls durch dieselben Personen gesprochen. Am Ende gehen die Liturgen, wie auch die Gottesdienstgemeinde, wieder in verschiedene Richtungen auseinander.

Vorbereitung

- 7 Personen werden als Liturgen benötigt.
- Neben der Aneignung der Texte ist das Bewegen im Raum für diesen Gottesdienst besonders wichtig. Wo stehen die Liturgen am Anfang? Wie schnell sprechen sie beim Gehen? Wie endet das Durcheinandersprechen? Wie und wo stehen sie während der Sprechpausen? Diesen Fragen sollte bei einer Raumprobe das Hauptaugenmerk gelten.
- Wenn drei Paare predigen, sollte generell auf die entsprechende Kürze der einzelnen Teile und auf eine klare thematische Abgrenzung geachtet werden.

Ablauf des Gottesdienstes

GELÄUT

ORGELMUSIK

BEGRÜSSUNG

LIED
Tut mir auf die schöne Pforte (EG 166.1–4)

KYRIE UND GLORIA

Liturg von vorn
Lasst uns beten und dann in das Gloria, zuerst aber in das Kyrie einstimmen. (Gemeinde singt) Kyrie (EG 178.12)

Großer, guter Gott.
Du hast die Zeit gemacht. Wir sehnen uns nach Zeit und haben doch so wenig Zeit für uns.
Wir rufen zu Dir: Kyrie …

Wir wissen, dass Andere auf uns warten und wir ihnen Zeit vorenthalten.
Wir rufen zu Dir: Kyrie …

Wir wissen, dass unsere Zeit, die wir mit Dir haben, zu wenig für unseren Glauben ist. Wir rufen zu Dir: Kyrie …

Aber Du willst uns nahe sein. Du bist unsere Gegenwart und Zukunft. Du willst, dass wir uns und einander begegnen. Dafür loben wir Dich und singen: Gloria … (Durch Hohes und Tiefes 135)

SPRECHMOTETTE *(für 6 Sprecher)*

Die Sprecher stehen an verschiedenen Orten im Kirchenraum, gehen dann gleichzeitig durch den Raum und rufen dabei gleichzeitig fortlaufend ihren Satz bis sie vorn angekommen sind. Dann sprechen sie zum Abschluss nacheinander noch einmal ihren Satz.

Sprecher 1
Alles hat seine Zeit.

Sprecher 2
Alles hat seine Zeit.

Sprecher 3
Was geschieht, ist schon längst gewesen.

Sprecher 4
Was sein wird, ist auch schon längst gewesen.

Sprecher 5
Der Mensch kann nicht ergründen, was Gott tut.

Sprecher 6
Er hat die Ewigkeit in ihr Herz gelegt.

Die Sprecher bleiben im Chorraum stehen.

LESUNG

Lesung aus Prediger im 3. Kapitel.
Die Gemeinde erhebt sich.

Ein jegliches hat seine Zeit und alles Vorhaben unter dem Himmel hat seine Stunde:
geboren werden hat seine Zeit; sterben hat seine Zeit;
pflanzen hat seine Zeit, ausreißen, was gepflanzt ist, hat seine Zeit;
töten hat seine Zeit, heilen hat seine Zeit;
abbrechen hat seine Zeit, bauen hat seine Zeit;
weinen hat seine Zeit, lachen hat seine Zeit;
klagen hat seine Zeit, tanzen hat seine Zeit;
Steine wegwerfen hat seine Zeit, Steine sammeln hat seine Zeit;
herzen hat seine Zeit, aufhören zu herzen hast seine Zeit;
suchen hat seine Zeit, verlieren hat seine Zeit;
behalten hat seine Zeit, wegwerfen hat seine Zeit;
zerreißen hat seine Zeit, zunähen hat seine Zeit;
schweigen hat seine Zeit, reden hat seine Zeit;
lieben hat seine Zeit, hassen hat seine Zeit;
Streit hat seine Zeit, Friede hat seine Zeit;
Man mühe sich ab, wie man will, so hat man keinen Gewinn davon.

Ich sah die Arbeit, die Gott den Menschen gegeben hat, dass sie sich damit plagen.

Er hat alles schön gemacht zu seiner Zeit,

auch hat er die Ewigkeit in ihr Herz gelegt;

nur, dass der Mensch nicht ergründen kann das Werk, das Gott tut,

weder Anfang noch Ende.

Da merkte ich, dass es nichts Besseres dabei gibt als fröhlich sein und sich gütlich tun in seinem Leben. Denn ein Mensch, der da isst und trinkt und hat guten Mut bei all seinen Mühen, das ist eine Gabe Gottes.

Ich merkte, dass alles, was Gott tut, das besteht für ewig; man kann nichts dazutun noch wegtun. Das alles tut Gott, dass man sich vor ihm fürchten soll. Was geschieht, das ist schon längst gewesen, und was sein wird, ist auch schon längst gewesen; und Gott holt wieder hervor, was vergangen ist.

Die Gemeinde setzt sich.

ORGELMUSIK

PREDIGT
für 6 Personen, zwei Mikrophone nötig

„Alles hat seine Zeit"
Ein Dialog für Sprecher 1 und 2

> *Sprecher 1*
> Alles im Leben hat seine Zeit.
>
> *Sprecher 2*
> Nein, das kann doch gar nicht sein. Heutzutage ist doch alles so schnelllebig. Da ist doch gar nicht mehr für alles Zeit.
>
> *Sprecher 1*
> Aber ich finde, dass alles im Leben seinen Platz haben muss. Stell Dir mal ein Zimmer vor. Musst Du nicht auch aufräumen, damit alles seinen Platz bekommt? Dabei finde ich immer Sachen, die wichtig für mich sind, die ich behalten möchte.
>
> *Sprecher 2*
> Und ich finde manchmal Dinge, die ich wegwerfen möchte, weil sie nicht mehr zu mir passen oder weil ich sie nicht mehr brauche. So ist es ja auch in unserem Leben. Ich finde, dass es Zeiten gibt, in denen ich mein Leben überprüfen muss, ob Gewohnheiten und Rituale überhaupt noch zu mir passen. Ob sie noch wichtig für mich sind, ob sie mich von wesentlichen Dingen abhalten oder einfach überholt sind. Und dabei verwerfe ich manche Gewohnheiten und Rituale auch.

Sprecher 1
Na aber stopp mal! Ich finde, dass es Dinge geben muss, die ich behalten kann. Weil sie mir Halt geben, wichtig sind und Orientierung bieten.

Sprecher 2
Aber findest Du nicht, dass zum Leben auch Veränderungen gehören? Sonst würden unser Leben und unsere Zeit still stehen. Und wir bekommen durchs Aufräumen die Chance, neue Dinge zu suchen.

Sprecher 1
Meinst Du Sachen wie „Halt im Leben", Dinge, die uns begleiten oder Freunde, die für uns da sind? Ich denke, dass Du Recht hast. Das alles sollte in unserem Leben vorkommen und seine Zeit haben. Für mich könnte der Glaube Halt bieten, egal ob mir zum Lachen oder zum Weinen zumute ist.

Sprecher 2
Oft passen solche Gefühle aber nicht in mein Lebenskonzept, weil ich gerade glücklich sein müsste, mir aber eher zum Weinen zumute ist. Das kann ich dann oftmals nicht zeigen. Ich kann meine Gefühle nur schwer wahrnehmen, weil das Leben immer schneller verläuft und für Gefühle keine Zeit mehr bleibt.

Sprecher 1
Trotzdem denke ich, dass wir auch die negativen Gefühle bewusst wahrnehmen sollten. Mir geht es so, dass, wenn ich meine Gefühle bewusst wahrnehme, ich besser mit ihnen umgehen kann, egal ob positive – wie Glück und Freude, oder die negativen – wie Schmerz und Trauer. Ich bin mir sicher, dass auch Gefühle ihre Zeit in unserem Leben haben.

Sprecher 2
Dann lass uns nach vorn schauen. Das Leben geht weiter. Mit unseren Gefühlen und mit Veränderungen. – Ich bin gespannt, was die Zeit bringen wird.

Es gibt keine Zeit!
Ein Dialog für Sprecher 3 und 4.

Sprecher 3
Hast Du das gehört? Was die Zeit noch bringen wird? Ich glaube, die merken das gar nicht, die haben ja nie Zeit.

Sprecher 4
Ja, alle wünschen sich die Ewigkeit, wenn sie mal wieder keine Zeit haben. Dabei gibt es in der Ewigkeit gar keine Zeit. Das wissen die Philosophen schon lange: Was ewig ist, hat weder Anfang noch Ende. Und ohne Anfang und Ende gibt es keine Möglichkeit, Zeit zu definieren.

Sprecher 3
Das ist aber schade. Weißt Du, ich fahre gerne Eisenbahn. Und mein Leben kommt mir wie so eine Zugfahrt vor. Mir gefällt es, aus dem Fenster zu schauen und zuzusehen, wie sich die Landschaft verändert. Draußen, wo eben noch Berge waren, liegt plötzlich eine Ebene vor mir. Aus Städten werden Dörfer, aus Dörfern Häuser und aus Häusern Felder, Wälder und Berge. Und einzelne Gehöfte wachsen wieder zu Dörfern und Städten heran.

Sprecher 4
Von außen betrachtet, ist aber alles schon immer da. Die Landschaft ist starr über die Erde verteilt.

Sprecher 3
Nur ein Punkt bewegt sich durch die Landschaft – ich. Ich fahre vorbei an Städten, Dörfern, Wäldern und Bergen. Die Landschaft, wo ich gleich hinkomme, existiert dort schon lange, und die Gegend, die ich gerade verlasse, ist immer noch so, wenn ich schon längst wieder woanders bin.

Sprecher 4
„Alles, was Gott tut, besteht für ewig; man kann nichts dazutun noch wegtun. Was geschieht, ist schon längst gewesen, und was sein wird, ist auch schon längst gewesen."

Sprecher 3
Für mich ist die Zeit wie ein großer Raum. Wir bewegen uns in diesem Raum wie mit einem Zug. Der Zug lässt sich von innen heraus nicht anhalten oder gar rückwärts fahren. Das kann nur der Lokführer.

Jetzt mag der eine oder andere einwenden, dass man eine Dimension wie die Zeit nicht einfach abschaffen oder weglassen kann. Das will ich auch nicht. Die Zeit bleibt als Dimension erhalten. Ich ändere nur ihr Vorzeichen, aus Zeit wird Raum. Als würde ich meinen Zug von einem Satelliten aus beobachten. Leider wird die Zeit dadurch aber nicht begreifbarer. Sie bleibt eine zusätzliche Dimension. Meine Vorstellungskraft übersteigt das. Nur Gott hat den Überblick.

Sprecher 4
Nein, für mich ist Gott nicht der neutrale Beobachter. ER sitzt am Steuer. ER fährt den Zug vorwärts. Und irgendwann – besser: irgendwo – will ER wieder zurückfahren.

Sprecher 3
Sag mal, bist Du verrückt? Ich will nicht noch einmal zurück. Ist Dir eigentlich klar, was das bedeuten würde? Alles, was ich irgendwann mal gemacht habe, soll wiederkommen! Wenn etwas o.k. war, mag das ja noch schleichen, aber wenn es nicht geklappt hat, dann will ich auf gar keinen Fall zurück. Wenn ich einmal das Wechselgeld bei meinen Eltern nicht

abgeliefert habe oder wenn ich meine Eltern angelogen habe. Auch das, von dem ich sogar Gott nichts erzählt habe. Das Ganze noch einmal durchleben. Noch einmal erleben, wie ich hilflos vor dem Kranken gestanden habe und ihn dann doch habe liegen lassen. Drei Tage habe ich mich für diese Unsicherheit geschämt und schäme mich noch heute dafür. Und dann sind da noch andere Dummheiten, die ich gar nicht gebrauchen kann.

Sprecher 4
Ich fände es schön, wenn ich noch einmal zurück könnte. Manches möchte ich noch einmal erleben, weil es so schön war. Und vieles, was anfangs schlecht war, ist dann doch gut ausgegangen. – Vielleicht gibt es für manche Situationen ja auch noch einen anderen Ausgang. So genau steht das ja nicht im Text: „Und Gott holt wieder hervor, was vergangen ist." – Vielleicht habe ich die Möglichkeit, das eine oder andere anders zu machen als damals. Ich kann dann Sachen nachholen, die ich früher verpasst habe: einen Abschied, eine Umarmung, einen Kuss, das richtige Wort, um ein Missverständnis aus dem Weg zu räumen.

Sprecher 3
Wenn es keine Zeit gibt, kann ich ja ohnehin nichts machen. Alles ist schon fertig. Ich kann nichts mehr ändern. Alles ist vorherbestimmt. Und am Ende werden mir dann noch irgendwelche Dinge angehängt, die ich nicht beeinflussen kann.

Sprecher 4
Wenn Du sowieso nichts ändern kannst, dann bringt es auch nichts, daran zu verzweifeln. Wir müssen einfach das Beste daraus machen. Hey, komm mit ins Bord-Bistro auf ein Glas Wein. Dann schauen wir einfach zu und genießen die Welt.

Es gibt keine Zeit
Ein Dialog für Sprecher 5 und 6.

Sprecher 5 versucht mit dieser Spannung von gegensätzlichen Aussagen in seinem Alltag „aktiv" umzugehen. Sprecher 6 erzählt von der passiven Seite zeitloser Augenblickserfahrung.

Sprecher 5
Ihr sagt: „Es gibt keine Zeit." Und Ihr redet dauernd von Zeit. Was soll ich jetzt glauben? Was bedeutet Ewigkeit? Dass es keine Zeit gibt? Auch wenn das wahr ist, ich kann es nicht erklären und auch nicht ganz verstehen. Aber ich habe immerhin Begriffe dafür – Ewigkeit.

Und wenn man einen Begriff hat, dann hat man auch eine Vorstellung davon. Und wenn man eine Vorstellung davon hat, kann man sich der Ewigkeit auch annähern. Ich versuche im Jetzt zu leben. Im Jetzt bin ich frei

von der Last der Vergangenheit und frei von dem Druck der Zukunft. Alles hat seine Zeit: Jetzt ist die Zeit für das, was jetzt wichtig ist:
– Ich schlafe, wenn ich müde bin, auch wenn noch viel zu tun ist.
– Ich schreie, wenn ich verärgert bin, auch wenn das manchen nicht passt.
– Ich tröste meine Tochter, wenn sie weint, auch wenn ich selbst Sorgen habe.
Dabei vergesse ich die Zeit und lebe Ewigkeit.

Sprecher 6
Diese Momente kenne ich auch in meinem Leben und ich wünschte, es wären mehr und ich könnte sie besser festhalten. Aber da sind noch die anderen Momente. Da sind noch die Augenblicke, die ich nicht bewusst wahrnehmen und steuern und auch nicht festhalten kann. Ich fühle mich auf wunderbare Weise ausgeliefert. Ich meine, manchmal bin ich von etwas berührt, wofür es erst im Nachhinein Begriffe gibt:

– Ich erinnere mich an den Blick zweier Augen, von denen ich sofort wusste, dass sie mich meinen.
– Ich weiß ein Konzert, in dem mich die Musik mitten ins Herz getroffen hat.
– Und die Geburt meiner Kinder gehört unbedingt dazu.
– Du hast einmal von einem Gletscher erzählt, der Dich sprachlos gemacht hat.
– Und ich weiß von Menschen, die sich in der Stille dieser Kirche einmal, vielleicht ein einziges Mal so angerührt wissen.

Du hast Recht, in solchen Augenblicken gibt es keine Zeit, und auch keinen Raum mehr. Und gleichzeitig hat alles seine Zeit und seinen Platz. Im Nachhinein sagen wir manchmal, es war ein Gefühlsüberschwang. Martin Buber ist da genauer. Er sagt: „Es ist wahre Begegnung: Wir haben nicht erklärt. Wir haben nicht eingeordnet, nicht in Gedanken, nicht mit Worten, nicht mit Gesten allein, sondern wir sind begegnet, mit unserem ganzen Wesen."

Dass wir das können, zeigt, so selten wie es ist, dass wir verwandt sind. Wir sind verwandt mit Gott. Indem wir „Du" sagen, indem wir uns unserem Gegenüber ganz ausliefern, entsprechen wir dem ewigen Gott, der uns als Du-Sager geschaffen hat. Das ist die Ewigkeit, die wir in uns tragen, dass wir „Du" sagen können. Wenn dieses „Du" gegenwärtig wird, entsteht Gegenwart. Gott will uns in der Gegenwart begegnen. Wenn das geschieht, hast Du alles: Alle Zeit der Welt. Alles Glück der Welt. Und vor allem Dich. Du bist.

LIED
Gott hat das erste Wort (EG 199.1–5)

GLAUBENSBEKENNTNIS
(EG 804)

BEKANNTMACHUNGEN

LIED

Dona nobis pacem (EG 435)

GEBET *(6 Sprecher)*

Sprecher 1
Lasst uns beten und einstimmen in das „Herr, erbarme Dich":

Großer, guter Gott, wir bitten Dich nicht darum, dass alles seine Zeit hat. Das ist schon immer so, aber wir gewähren den Dingen und Ereignissen diese Zeit nicht. Deshalb bitten wir Dich, dass Du uns die Augen und das Herz öffnest für das, was dran ist. Wir rufen gemeinsam zu Dir: Herr, erbarme Dich.

Sprecher 2
Großer, guter Gott, wir bitten Dich nicht um Zeit. Du hast uns genug Zeit geschenkt. Aber wir bitten Dich, dass wir sie als Zeit für uns begreifen. Wir rufen gemeinsam zu Dir: Herr, erbarme Dich.

Sprecher 3
Du weißt, wann wir mit uns so umgehen, als seien wir diese Zeit nicht wert. Ändere das bei uns. Wir rufen gemeinsam zu Dir: Herr, erbarme Dich.

Sprecher 4
Herr, wir bitten Dich nicht um Zeit für andere Menschen. Wir haben so viele Möglichkeiten, treffen viele, aber begegnen uns selten. Wir bitten Dich:
– um den Willen, Begegnungen zu suchen,
– den Mut, Begegnungen auszuhalten,
– und um die Gabe, mit dem Herzen dabei sein zu können.
Wir rufen gemeinsam zu Dir: Herr, erbarme Dich.

Sprecher 5
Herr, was wird aus meiner Zeit mit Dir? Du kommst in meiner Welt nicht viel vor. Oft fehlst Du mir nicht, aber manchmal sehne ich mich nach Dir. Wir rufen gemeinsam zu Dir: Herr, erbarme Dich.

Sprecher 6
Du hältst so viele Gaben für mich bereit. Auch Zeit, wenn ich mein Leben als Deine Gabe annehmen kann. Deshalb bitte ich Dich: Fülle Du mein Leben mit Deinem Segen. Wir rufen gemeinsam zu Dir: Herr, erbarme Dich. Wir beten gemeinsam das VATER UNSER.

SEGEN

von 3 Personen zu sprechen

Sprecher 1
Am Ende unserer gemeinsamen Zeit hier brechen wir auf.

Sprecher 2
Am Ende dieser Zeit hier beginnt neue Zeit.

Liturg
Am Ende des Gottesdienstes stehen wir auf zum Segen.

Sprecher 4
Geh in diesen Tag als Beschenkte(r) mit Zeit.

Sprecher 1
Geh in diese Woche mit der Freiheit der Ewigkeit.

Sprecher 2
Geh in die neue Woche mit der Gewissheit, dass das Wesentliche bleibt.

Liturg
Geh in Deine Zukunft mit dem Rückenwind der Liebe von Menschen.

Sprecher 4
Geh in Dein Leben mit der Gewissheit, dass das Leben selbst auf Dich wartet und sich freut, wenn Du kommst.

Sprecher 1
Geh auf einen Weg mit genug Rastplätzen.

Sprecher 2
Geh durch die Zeit mit der Neugier auf den Augenblick, den Du nicht machen kannst.

Liturg
Sei gewiss, dass es ein Ziel für Dich gibt und dass Du ankommst. Dort und allezeit auf dem Weg wartet Gott mit seinen ausgebreiteten Armen.

So segne Dich der allmächtige und barmherzige Gott.
Der Vater, der Sohn und der Heilige Geist. Amen.

ORGELMUSIK

14. Zweifel

Bibelstelle:
Jesus und der sinkende Petrus auf dem See
(Mt 14,22–33)

Hintergrund

Entstehungsgeschichte

Zweifel als Erfahrung christlicher Existenz ist auch unter Studierenden präsent. Die Vertrauensstudenten des Wintersemesters 06/07 haben die Chance bei der Themensuche zu ihrem ersten Gottesdienst ergriffen, sich näher damit zu beschäftigen. Rani, Vertrauensstudent und syrischer Christ, bringt die Tradition der Predigthomilie mit. Wir nehmen sie als Impuls auf. Sie bekommt in den erzählten Lesungen ihren Platz. Selten hat ein Gottesdienst so viele Besucher ins Nachgespräch gezogen. Lange klang das Thema im Mailverkehr noch nach.

Dramaturgische Struktur

Es geht um die Grundspannung, Zweifel als Gegenstück oder als unabdingbaren Teil des Glaubens zu verstehen. Akzeptanz des Zweifels ermöglicht, sich ihm zu nähern und begreifbar zu machen. Das Besondere dieses Gottesdienstes im Blick auf die dramaturgische Liturgik liegt in der Einführung und Entfaltung des Themas, sowie in der Spannung zwischen erzählender Lesung und Predigt.

Methodische Umsetzung

Der feierliche, fast pompöse *Einzug mit den Würfeln,* die später das Wort „Zweifel" ergeben, setzt ein erstes Spannungszeichen. Die *Szenen* entfalten unterschiedliche Erfahrungen mit Zweifeln und deuten auch positive Seiten an. Mit dem Umdrehen der Würfel verbinden sich die Sprecher als Personen mit verschiedenen Formen des Zweifels. Die Texte der *erzählten biblischen Lesungen,* die *Predigt,* das *Gebet* und der *entfaltete Segen* nehmen das Thema auf.

Vorbereitung

- Es werden 5 Pappwürfel in doppelter Schuhkartongröße mit der Aufschrift Z, W, EI, F und EL auf einer Seite benötigt. Auf der Rückseite stehen die Worte: Glaubens-, Beziehungs-, Selbst-, Sinn-, und ein Fragezeichen.
- Auf den Sitzplätzen liegt für jeden Besucher ein Teelicht.

Ablauf des Gottesdienstes

EINZUG MIT MUSIK
fast pompös, begleitet von feierlicher Musik

5 Würfel werden von verschiedenen Personen herein getragen. Auf der Sicht-seite stehen die Buchstaben EI W Z EL F. Es ist wichtig, dass erst beim Ab-stellen der Würfel die richtige Reihenfolge entsteht und sich das Wort „Zweifel" ergibt.

BEGRÜSSUNG
Wir feiern diesen Gottesdienst im Namen des Vaters, des Sohnes und des Heiligen Geistes. Amen. Wir begrüßen Euch zu diesem Gottesdienst zum Thema. *(Zweifelnder Blick auf Würfel)* Lasst uns gemeinsam an dieses Thema heran wagen und dabei unsere Grenzen erspüren.

Würfel werden so abgelegt, dass das Thema Z W EI F EL zu lesen ist.

MUSIK

ANSPIEL
5 Personen treten nacheinander auf.

Person 1
liest als Nachrichtensprecher mit Blick auf die Uhr

10:38 Uhr die Nachrichten. Erneut sind in der Atacama-Wüste fünf Men-schen, darunter drei Kinder, in einem stehen gebliebenem Auto tragisch ums Leben gekommen. Weil die Familie ihrem Auto mit Klimaanlage blind vertraute, packte sie kaum Getränkevorräte ein, was ihr nach einem Motor-schaden vermutlich innerhalb nur weniger Stunden bei Temperaturen über 50 °C zum Verhängnis wurde. Pro Jahr ereignen sich in Wüsten mehrere hundert solcher Fälle: Zweifel sind lebenswichtig!

Person 2
kommt mit einem Fahrrad in den Raum hinein gefahren, dreht einige Runden und ruft dann aus:

Zweifel bringen in Gang!

Person 3
zeigt die Szene eines Ratespiels, bei dem es gilt, sich zwischen zwei Karten für die „richtige" zu entscheiden; die Person wird mit zunehmendem Überlegen und Grübeln immer unsicherer und nervöser und ruft dann aus:

Zweifel machen fertig!

Person 4
betritt den Raum pantomimisch mit einer Last, z.B. mit einem langen Balken auf der Schulter.

Person 5
sieht, dass Person 4 mit der Last allein nicht fertig wird und hilft beim Tragen.

Person 4
ruft erfreut aus:

Zweifel können zueinander führen!

KYRIE UND GLORIA

Liturg
Lasst uns beten und einstimmen in das Kyrie (EG 178.12) und dann in das Gloria (Durch Hohes und Tiefes 135)

Großer, guter Gott, wir kommen aus unserer Welt. Sie ist schön und schlimm. Wir haben unser Glück und unsere Sorgen. Lass uns jetzt hier sein und nimm Du uns an. Wir singen: Kyrie eleison …

Herr Jesus Christus, wir denken an die Menschen, die in unserem Herzen sind. Wir können nicht alles für sie tun. Sei Du ihnen nahe. Wir singen: Kyrie eleison …

Heiliger Geist, heute ist an viele Orten Gottesdienst. Erfülle die Menschen mit Deiner neuen Kraft.
Wir singen: Kyrie eleison …

Dreieiniger Gott, Du schenkst uns das, was wir zum Leben brauchen. Dass Du unter uns bist, macht uns froh und dankbar.
Dafür loben wir Dich und singen: Gloria, gloria …

LIED

ANSPIEL – 1. SZENE
für zwei Personen

Person 1
Beziehungszweifel
Ich bin froh, dass ich einen Partner an meiner Seite habe, mit dem ich das, was mich bewegt, was mich freut oder auch belastet teilen kann. Doch warum fällt es uns dann so schwer, gerade die Beziehung zu Gott gemeinsam zu leben, wenn man sich doch sonst so nahe steht? Frage in den Raum: Denkt Ihr nicht auch, dass wir Gott manchmal zu wenig Platz in unseren Beziehungen einräumen?

PERSON 2
In diesem Moment tritt eine 2. Person ein. Sie ist verkleidet wie ein Vertreter, blinkende schwarze Lederschuhe, schwarzer Hut und Mantel, dynamischer Gang, schnelle, überredende und jede Widerrede erstickende Rede mit professionell klingender einschmeichelnder Stimme:
Mein „Zweifel-Destruction-Home-Starter-Kit" ist die ideale, kompakte, schnelle Lösung für Sie. In nur wenigen Minuten werden alle Zweifel weggewischt sein – ohne Vorkenntnisse, ohne Anstrengungen, ohne Probleme *(dabei aufzählende Gestik)*. Moment, wo ist es *(blättern):* Zweifel am Sinn des Lebens, ähm, Zweifel an Gott, Zweifel an der Aktienanlage, am Fleischverkäufer, am Weihnachtsmann, am Freund/an der Freundin, am Arzt ihres Vertrauens, an der Stabilität des Euros, an der Bundeskanzlerin, an der eigenen Personenwaage, Verzweiflung mit der Schwiegermutter … äh, hier: Beziehungszweifel.

Person 1
fragt zurück:
Das hilft mir jetzt wirklich weiter mit meinen Zweifeln und Problemen?

Person 2
Wir haben schon viele, großartige Erfahrungen mit unserem Produkt gemacht, zahlreiche glaubwürdige Zertifikate liegen vor. Für jede Lebenslage ist unser Produkt einfach optimal. Es kostet nur 5 Euro.

ANSPIEL – 2. SZENE
für eine 3. Person

Die 3. Person stürzt herein.
Mir wächst alles über den Kopf, jetzt habe ich sogar den Termin mit meinem Professor verpasst und kann ihn telefonisch nicht erreichen. Immer, wenn ich in einer schwierigen Situation, wie jetzt gerade, stecke, fallen mir alle möglichen Sachen ein. Auf die Idee, zu beten, nach Gott zu fragen, auf ihn zu hören, komme ich dann eigentlich nie. Glaube ich richtig?

LIED

Mein Hirte bist Du (siehe Anhang)

ERZÄHLENDE LESUNG 1 MIT AKTION
5 Personen, nach jeder Lesung wird ein Würfel umgedreht, auf dem steht:
„Glaubens-", „Beziehungs-", „Selbst-", „Sinn-" und „?".

Sprecher 1
Wir hören Worte aus der heiligen Schrift und stehen dazu auf.
Bei Markus im 9. Kapitel bittet ein Vater Jesus um die Heilung seines
Kindes: „Jesus aber sprach: Wie sprichst Du, wenn Du es kannst? Alle
Dinge sind möglich dem, der da glaubt. Alsbald schrie des Kindes Vater
und sprach: Ich glaube; hilf meinem Unglauben!"
Würfel mit dem Wort: „Glaubens-" umdrehen.

Sprecher 2
Im Galaterbrief Kapitel 6 heißt es: „Einer trage des anderen Last."
Würfel mit dem Wort: „Beziehungs-" umdrehen.

Sprecher 3
Im Jakobusbrief Kapitel 1 steht geschrieben: „Denn wer da zweifelt, der
ist gleich wie die Meereswoge, die vom Winde getrieben und bewegt wird.
Solcher Mensch denke nicht, dass er etwas von dem Herrn empfangen
werde. Ein Zweifler ist unbeständig in allen seinen Wegen."
Würfel mit dem Wort: „Selbst-" umdrehen.

Sprecher 4
Bei Lukas im 8. Kapitel kommt Jesus in das Haus von Jairus, der ihn um
die Heilung seiner Tochter gebeten hatte: „Sie weinten aber alle und klagten
um sie. Er aber sprach: Weinet nicht! Sie ist nicht gestorben, sondern sie
schläft. Und sie verlachten ihn, denn sie wussten wohl, dass sie gestorben
war."
Würfel mit dem Wort: „Sinn-" umdrehen.

Sprecher 5
Jeder Mensch wird von Zweifeln geplagt. Auf diesen Würfeln findet Ihr
verschiedene Themenkreise zum Thema Zweifel. Brennt Eure Kerze an und
stellt sie auf die Kiste mit dem Begriff, bei dem Ihr Euch wieder findet. Falls
Eure Zweifel woanders beheimatet sind, stellt Eure Kerze einfach auf die
Kiste mit dem Fragezeichen.
Würfel mit dem Fragezeichen umdrehen.

KERZENAKTION
parallel dazu erklingt Musik

Gemeinde stellt ihre brennende Kerze auf den entsprechenden Würfel.

LIED
   Seenot (siehe Anhang)

ERZÄHLENDE LESUNG 2

Ihr kennt bestimmt Petrus Simon. Petrus war ein starker Mann, ganz emotional und er war nicht oft zu Hause, sondern in seinem Boot am Meer. Sein Beruf war Fische fangen. Die Einsamkeit war sein Freund.

Eines Tages trieb Jesus die Jünger an, in das Boot zu steigen und vor ihm hinüberzufahren und er stieg alleine auf einen Berg, um zu beten. Das Boot war schon weit vom Land entfernt und kam in Not durch die Wellen und den Wind. In dieser Zeit war Jesus auf dem Berg. Was macht Jesus allein auf dem Berg und seine Jünger, die er selber ausgesucht hat, sind allein im Boot! Hat Jesus seine Jünger vergessen? Jesus hat für seine Jünger gebetet und in der vierten Nachtwache kam er zu ihnen. Und er geht auf dem See! Stellt Euch vor, wie das ist, wenn Ihr jemanden aus Fleisch und Blut auf dem Wasser laufen seht. Bestimmt würdet Ihr richtig Angst haben. So war es auch bei den Jüngern. Sie haben vor Angst geschrieen. Aber sogleich redete Jesus mit ihnen und sprach: Seid getrost, seid mutig Männer! Was ist los mit Euch? Ich bin's. Fürchtet Euch nicht.

Ein Beispiel: Wenn jemand von Euch mit seiner Mutter oder mit seinem Vater telefoniert und sagt: Hallo, ich bin's. Es dauert nur noch vier Tage, dann bin ich bei Euch. Wieso habt Ihr Angst? Wo bleibt Eure Glaube?

Und die Jünger hörten diese herrliche Stimme und die war ihre einzige Möglichkeit zur Rettung. Petrus hat die Stimme gleich erkannt und hat gleich geantwortet: Herr bist Du es, so befiehl mir, zu Dir zu kommen auf dem Wasser. An dieser Stelle zeigt uns die Bibel, wie fest Petrus geglaubt hat oder wie gläubig Petrus war, denn er wußte ganz genau, was Gottes Wort bedeutet. Er hat das schon erlebt, als Jesus in sein Boot eingestiegen war und gesagt hat: Fahrt hinaus, wo es tief ist, und werft Eure Netze zum Fangen aus! Und Simon antwortete und sprach: Meister, wir haben die ganzen Nacht gearbeitet und nichts gefangen; aber auf Dein Wort hin will ich die Netze auswerfen. Und als sie das taten, fingen sie eine große Menge Fische und ihre Netze begannen zu reißen.

Also steigt Petrus auch jetzt ganz mutig aus dem Boot aus und läuft auf dem Wasser. Und nun haben wir hier eine ganz neue Situation. Es stehen zwei Personen auf dem Wasser, Jesus und Petrus, der gerade in Richtung Jesus unterwegs ist, aber noch nicht bei Jesus ist. Hier haben wir zwei Arten von Mächten: Jesus, der strahlt und der ganz ruhig auf dem Wasser steht und die zweite Macht ist die Natur, die gerade die gewaltige Seite von sich zeigt: Wind, laute, starke Wellen… So eine ähnliche Situation hat Petrus mit seiner Brüdern, den Jüngern erlebt. Auch wieder auf dem See. Als sie damals in Not kamen und als Jesu aufgestanden ist und die Natur bedroht und ihr befohlen hat (Markus 4,36– 41). Und er stand auf und bedrohte den Wind und sprach zu dem Meer: Schweig und verstumme! Und der Wind legte sich und es entstand eine große Stille. Wer kann Anderen so befehlen? Der Arbeitgeber befiehlt seinen Mitarbeitern oder ein besseres Beispiel: In einer Armee befiehlt der General seinen Soldaten. Also das Bild war damals ganz klar für Petrus: Jesus steht vor der Natur wie ein Befehlshaber. Jesus ist der Schöpfer des Himmels und der Erde. Aber trotzdem bleibt Petrus ein Mensch wie wir. Und in dieser schweren Situation hat sein Glauben an Gott versagt, und er hat gezweifelt und fing an zu sinken (Zweifel ist keine Sünde) und schrie: Herr hilf mir! Vater hilf mir! Hier zeigt uns diese Geschichte, wie wir mit Zweifel umgehen können. Die Antwort ist ganz einfach: Wir sollen um Hilfe rufen. Wir sollen nach Jesus schreien. Denn unser Rufen soll mit seinem Glauben verbunden werden. Wenn wir schreien, wird Jesus uns sogleich die Hand ausstrecken, genau wie er das bei Petrus gemacht hat: Jesus aber streckte sogleich die Hand aus und ergriff ihn und sprach ‚Du Kleingläubiger, warum hast Du gezweifelt?‘ Kleingläubiger. Großgläubiger. Wenn wir die Worte Klein- und Groß- wegschaffen, bleibt das Wort „-gläubiger“. Jesus hat also immerhin erkannt, dass Petrus ein Gläubiger war.

Liebe Schwestern und Brüder, ich erinnere mich, als ich im Mittelmeer schwimmen gelernt habe. Damals konnte ich schon schwimmen, aber ich hatte noch nicht probiert zu schwimmen, wo das Wasser tief ist. Und mein Vater hat zu mir gesagt: Rani, Du kannst das. Hab keine Angst. Fürchte Dich nicht. Ich bin da. Aber Du sollst es jetzt allein versuchen. Und da habe ich angefangen zu schwimmen. Aber als ich gefühlt habe, dass meine Füße den Meerboden nicht erreichen können, habe ich an mir gezweifelt. Aber dann habe ich meinen Vater angeschaut und der hat zu mir herübergelacht. Trotzdem hatte ich diese Zweifel und fing an, zu sinken. Es war mir damals peinlich „Hilfe!“ zu rufen und meinen Vater zu enttäuschen, aber ich wollte ja auch nicht sterben und da hab ich also geschrieen: „Vater! Hilfe!“ Und sogleich fühle ich die Hände meines Vaters und wie er mich hochhebt. Nachher hat er auch zu mir gesagt: „Rani, mein Sohn, warum hast Du gezweifelt? Ich würde Dich nie allein lassen.“ Also bleibt er mein Vater, egal ob ich zweifele oder nicht. „Und sie traten in das Boot und der Wind legte sich.“

Amen

PREDIGT

Ihr Lieben,

VOM SICH BEWEGEN UND BEWEGT WERDEN
Wenn Du unbedingt wissen willst, warum Tausende bei einem Fußballspiel die Arme hochreißen und ganz laut „Tooor!“ rufen, kannst Du Dir das erklären lassen. Oder: Du gehst mal selber in so ein Stadion rein. Wenn Du

wissen willst, ob so ein Studium etwas für Dich wäre, kannst Du viele Leute fragen und Ihr Für und Wider abwägen. Oder: Du schreibst Dich ein. Wenn Du wissen willst, was Zweifel ist und wie man damit arbeitet, kannst Du Dir von den Philosophen und Mathematikern beibringen lassen, dass es vernünftigen und methodischen Zweifel gibt und dass man in der dreiwertigen Logik die Wahrheitswertfunktion auch als zweifelhaft verwenden kann. Oder: Du begibst Dich hinein in eine Geschichte. So eine, wie sie Rani und Matthäus erzählen. Wenn wir definieren, suchen wir nach festlegenden Worten. Wenn erzählt wird, entstehen Bilder. In Bildern ist Platz für uns selbst, unsere Fragen und Antworten.

Von der bewegenden Kraft der Bilder
Siehst Du den Berg dort? Da ist es ruhig. Da kommt die eigene Seele zur Ruhe. Da ist keiner, der was will. Die Gedanken werden klar. Gott ist ganz nahe, fast greifbar. Hier hat der Zweifel keinen Platz. Der Glaube wird fest. Manche Menschen sind so und manche Orte. Hast Du auch manchmal Sehnsucht nach so einem Berg? „Und als er das Volk hatte gehen lassen, stieg er allein auf einen Berg, um zu beten. Und am Abend, war er dort allein" (V.23). Siehst Du hier, das Meer? Es geht hin und her. Das Wasser steigt und fällt. Sand wird angespült und treibt zurück. Wogenernst und Wellenspiel, Lachen und Weinen, Trost und Verzweiflung, Umarmen und Getrenntsein, Sturm kommt auf und legt sich, aufgewühlt und ruhig ist es. Ich gleite mit Leichtigkeit zielsicher dahin und kurz darauf: Ich drohe zu versinken. Mein Leben ist wie das Meer. Dort gehöre ich hin. Ich liebe mein Leben, aber ich habe auch Angst davor. Wenn das so ist, will ich lieber woanders sein. „Und alsbald trieb Jesus seine Jünger in das Boot zu steigen und vor ihm hinüber zufahren" (V.22a).

Wenn ein Begriff in Bewegung kommt
Das Wort „Zweifel" an Land der Abstraktion oder gar auf dem Berg der Wissenschaft ist ein fester, handhabbarer Begriff. Wenn ich Zweifel methodisch anwende oder wie ein Hirte gesunde Zweifel hege, stehe ich fest, bin ich mir (meiner Sache) sicher. Ich kann mich nicht oder noch nicht entscheiden, aber ich kann etwas bewegen. Zweifel ist Ermöglichung von Erkenntnis.

Wenn der Zweifel die eigene Haltung des Zögerns meint, bin ich der Zweifel selbst. Mir fehlt etwas. Der Mangel an Gewissheit wühlt mich auf, irritiert mich. Ich kann nichts bewegen, ich bin selbst zu sehr in Bewegung. Ich bin nicht entschieden. Dass ich mich nicht entscheiden kann, hat zwei Gründe: Dieses andauernde Für und das Wider. Das Wort Zweifel weist in seinem Ursprung auf etwas hin, was für die Frage nach Glaubenszweifeln eine Spur ist: Zweifel heißt: aus zwei Teilen bestehend, zweifällig.

Wenn Du Dir in Deinem Glauben ganz sicher bist, zweifelst Du nicht. Vermutlich bist Du schon im Himmel, also schon tot. Wenn es absolut keine Rettung gibt, zweifelst Du auch nicht. Du bist sicher bald tot.

Es gibt im lebendigen Glauben und im lebendigen Zweifel immer noch die andere Seite. Denn wenn Du so zweifelst oder wenn Du glaubst, bist Du in Bewegung. Glauben ist ein Hin und Her zwischen Ich und Du, zwischen Dir und Gott. Wenn Du zweifelst, schwankst Du, bist hin und her geworfen zwischen Glauben und Nichtglauben, Gewissheit und Ungewissheit, Selbstvertrauen und Gottvertrauen. Nur jemand, der sich bewegen lässt, also glaubt, kann auch zweifeln. Und jemand, der viel Glauben hat, wird auch viel Zweifel haben. Es ist eine Frage der Intensität. Dem Zweifel fehlt etwas: Gewissheit. Dem starren Glauben fehlt auch etwas: Bewegung. Im Meer unseres Alltags kommt in den Glauben und in den Zweifel Bewegung hinein. Sogar in die Sprache: Wir hängen, stecken oder ziehen etwas in Zweifel. Im Mittelalter gab es den verwickelten Zweifelsknoten, Schiller spricht vom Abgrund, Bismarck von der Sackgasse Zweifel. Er ist ein nagendes Feuer, ein Strudel und auch der Zweifelsfall hat etwas rasant Bewegendes (leider nach unten).

Matthäus erzählt seine Geschichten des Alltagsglaubens in seinem Evangelium in der Sprache des Meeres. Es geht auf und ab, hin und her: Jesus hat Macht über die bösen Geister und erzählt, dass böse Geister zurückkehren. Vieles fällt unter die Dornen und hundertfach trägt der Acker Frucht. Er gilt nichts in seiner Vaterstadt. Johannes der Täufer wird ermordet und Jesus heilt Kranke.

Und mitten drin in diesem Auf und Ab: Die Geschichte von den Jüngern im Boot und dem Petrus mit seinem Glaubenszweifel. Matthäus hat diese Zweiheit für uns auseinander gefaltet.

VON DER BEWEGENDEN GEMEINSCHAFT IM BOOT

Könnt Ihr das Boot schon sehen? Es bewegt sich zum Glück immer noch. Boot fahren können die ja auch, die Jünger. Sie wissen, dass das Auf und Ab im Leben und im Glauben dazugehören. Lebensboot fahren ohne schwankende Bewegung ist eine Illusion. Und Wind? Ist auch normal. Manchmal steht er entgegen. Auch im Glauben. Da muss man noch mehr zusammenhalten, die Kräfte bündeln, sich aufeinander verlassen, an einem Strang ziehen, gemeinsam rudern. Die Fischer kennen sich im Meer ihres Lebens aus. Sie kennen auch dort die festen Orientierungen und Regeln. Sie wissen aus Erfahrung: das Schiff wird getragen und sie passen sich dem Wellenspiel an. Sie kommen mit dem bewegten Wasser klar. Womit sie nicht klarkommen ist, den Christus, an den sie glauben, in diesem Alltag zu erkennen. Der Fremde, das Fremde, erscheint ihnen gespenstig. Und das Schlimme an Gespenstern ist ja, dass man mit ihnen nicht reden kann. Aber ER sagt ihnen das Wort, das alle Gespenster der Nacht, der Einsamkeit und Angst seit Kindertagen vertreiben kann: „Seid getrost. Ich bin's. Fürchtet Euch nicht." Wie oft haben uns diese Sätze schon gerettet! Wie schön ist es, sich in dem Schoß dieser Sätze zu vergraben! Die Tränen rollten heiß und trockneten gut aufgehoben in der Schürze der Mutter, auf der alten Hose des Großvaters. Und wie selten haben wir Antwort auf dieses Wort gehabt!

175

Von der bewegenden Antwort eines Einzelnen

Manchmal gelingt es. Einer kann nicht anders. Er steigt aus, aus dem Boot, aus der schützenden Anonymität der Sprachlosigkeit. Der wollte schon immer viel. Aber jetzt will er alles. Und er traut diesem Wort alles zu. Er weiß, dieses Wort kann mich tragen. „Komm her." Und es trägt ihn nicht! Es geht nach unten ins Wellental: Er schaut die Gefahr, er erschrickt, er sinkt. Und er schreit um Hilfe. Das ist der Stopp, das Aber, das Ende der Talfahrt…weil er nicht allein ist mit seinem Zweifel. Jesus streckte sogleich die Hand aus ergriff ihn und sprach… Jetzt trägt das Wort. Jetzt ist das Wort nicht mehr allein. Die Hand und das Ergreifen sind dem Wort zu Hilfe gekommen. Jetzt hat der Zweifel keine Chance mehr. Was hat Er eigentlich gesagt? Du, Glaubender! Welchen Grund soll es geben, für Dich allein klein und zweifach zu sein. Ich bin doch da. Erst mit mir sollst Du zweifach sein. Und wie hat er es gesagt? Wer kann diesen Satz mal sagen? „Du Kleingläubiger, warum hast Du gezweifelt?" Wie kann man so etwas sagen?

(Jetzt wird die Gemeinde aufgefordert, diesen Satz ganz unterschiedlich betont auszusprechen.)

Wie hat Jesus diesen Satz gesagt? Als echte Frage? Als Vorwurf? Als Unverständnis?

Aber wenn die Hand und das Ergreifen dabei sind, muss es anders klingen:
(Die Gemeinde wird aufgefordert, es dem Nachbarn zusammen mit der ergreifenden Hand zu sagen): tröstend
Wir haben unsere Prägung und Ausbildung, wie man es sagen kann.

Am bewegenden Ende der Machbarkeit

Eins wollte ich noch ehrlicherweise sagen. Ich war mit im Boot. Und später, als wir wieder an Land waren, hab ich Petrus unbemerkt zur Seite genommen und gefragt: Sag mal ehrlich: Wie hast Du das gemacht? Und er bleibt stehen. Holt tief Luft, wie immer, wenn er sich aufbaut, um eine Bekehrungspredigt zu beginnen. Stockt. Und sagt: „Ich war es nicht. Ich bin und bleibe ein ängstlicher Mensch. Ich sitze auch am liebsten im Schiff. Auch im Kirchenschiff und wenn es sein muss, rudere ich kräftig und viel. Aber wegen dieses Augenblicks würde ich immer wieder aussteigen. Ja, ich werde wieder über das Wasser gehen. Über den See Genezareth, auch über ein ganz neues, fremdes Meer und einmal über den Jordan, nur um bei ihm zu sein. Aber ich bin das nicht. Es ist das zwischen uns. Deshalb würde ich wieder gehen. Frag ihn. Amen.

Lied

Steig in das Boot (Singt von Hoffnung 104)

Glaubensbekenntnis (EG 804)

GEBET

Das Gebet schließt sich direkt an das Dankgebet des Abendmahls an.
Es sprechen die bisherigen 5 Personen.

Sprecher 1
Lasst uns weiter beten und einstimmen in den Satz: „Aber Jesus Christus spricht: Ich bin`s fürchtet Euch nicht."

Sprecher 2
Lieber Gott, immer wenn ich Sorgen habe, fällt mir alles Mögliche ein, nur Du nicht. Immer wieder vergesse ich, dass Du da bist und Du mir helfen willst und kannst.

Sprecher 3
Ich weiß, dass Du das Wort bist. Aber ich habe Angst, im Zweifel am Sinn meines Lebens zu versinken. Hilf Du mir.

Sprecher 4
Vater, ich brauche Kraft das Leid, das ich sehe anzunehmen und zu teilen. Ich bitte Dich, schenke jedem Kranken die Hoffnung, gesund zu werden. Hilf dort, wo das Leben zu Ende geht und wo wir auf Dich angewiesen sind. Und bitte lass, ab und zu ein Wunder geschehen.

Sprecher 5
Komm in unsere Beziehungen. Lass uns mit den Menschen, die uns am Herzen liegen, gemeinsam Brücken bauen und Lösungen finden, unseren Weg im Glauben zu gehen. Schenke uns täglich neu die Freude und den Blick für den anderen.

ANSAGEN

SEGEN

Der Liturg und zwei weitere Personen sprechen.

Sprecher 1
Geht in das Auf und Ab der neuen Woche mit der Zusage, dass Gott mitgeht.

Sprecher 2
Geht mit der Gewissheit, dass es keine Gespenster sind, die Euch begegnen, sondern Christus es ist.

Sprecher 1
Geht mit seiner Fürsorge, die Euch nicht abhängig macht, sondern frei lässt.

Sprecher 2
Steht auf zum Segen!

Liturg
Der Herr segne Dich.

Sprecher 1
Er schenke Dir die Lebendigkeit des Meeres mit seiner Kraft und Frische.

Liturg
Der Herr behüte Dich.

Sprecher 2
Er strecke seine Hand nach Dir aus und halte Dich, wenn der Boden unter Deinen Füßen nachgibt.

Liturg
Der Herr lasse sein Angesicht leuchten über Dir.

Sprecher 1
Er schenke Dir Orientierung mitten in den Stürmen Deines Lebens.

Liturg
Er sei Dir gnädig.

Sprecher 2
Er tröste Dich und nehme Dich in seine schützenden Arme.

Liturg
Der Herr hebe sein Angesicht auf Dich.

Sprecher 2
Du bist, weil seine Augen Dich ansehen.

Sprecher 1
Du bleibst, weil sein liebevoller Blick Dich will.

Liturg
Er gebe Dir seinen Frieden.

Sprecher 2
Dort, wo man übers Wasser gehen kann, bist Du zu Hause.

Sprecher 1
Von dort gehst Du aus und dorthin kehrst Du immer wieder zurück."

Liturg
So segne Dich der gnädige und barmherzige Gott. Der Vater, der Sohn und der Heilige Geist. Amen.

LIED

Ich bin bei Euch alle Tage (Singt von Hoffnung 94)

KOLLEKTE AM AUSGANG

15. Schokolade –
Der süße Gottesdienst

Bibelstelle:
Das Land, in dem Milch und Honig fließen
Ex 3,16f u.a.

Hintergrund

Entstehungsgeschichte

Die Schokolade auf dem Tisch störte immer wieder mit viel innerer Beteiligung unsere Themenfindung für den Gottesdienst im November 2007. Wir entschlossen uns daraufhin, Schokolade selbst als süßes Gegenthema zum grauen, nasskalten Novemberthema der Vergänglichkeit zu machen. Nach einigen lustigen Kommentaren war klar, dass das Thema mehr als nur süß ist. Die Vorbereitungen wurden von einer eindrücklichen Eigendynamik getragen, die weit über den Gottesdienst hinaus erlebbar war.

Dramaturgische Struktur

Eine wichtige Grundentscheidung war, beim Bauen der inhaltlichen Struktur die Einseitigkeit des Themas durchzuhalten, die jahres- und kirchenjahresbedingte Spannung zu Vergänglichkeit und Tod in die Hörer selbst zu verlagern und nicht in die Gestaltung des Gottesdienstes aufzunehmen. Die Themenfülle entspricht der Üppigkeit der Umsetzung. Damit bleibt sie die eigentliche Zumutung. Die erlebte Alltagsambivalenz des Themas spiegelt sich in biblischen Texten wieder. Und nicht zuletzt zeigt unsere Tradition, wie unendlich viel „süßer" sie mit Sinnlichkeit im Glauben umgehen konnte. Das Besondere dieses Gottesdienstes im Blick auf die dramaturgische Liturgik liegt im Verweben eines so profanen Themas mit biblischen Anklängen und dem lustvollen Aufnehmen einer weitestgehend abgetanen süßen Frömmigkeitstradition. Der sinnliche Akzent im Gegensatz zum rationalen Anspruch eines Gottesdienstes und die moralische Ambivalenz zeigen zwei weitere Spannungsfelder auf.

Der nicht thematisierende Rahmen hilft, während des Gottesdiensts in das Thema hinein und wieder heraus zu finden. „Schokolade" muss man hören und sehen, um sie als Metapher zu verstehen. Deshalb sind neben Texten auch Bilder nötig. Die *erste biblische Lesung* verstärkt das Erleben der Fülle durch Wiederholung. Sie korrespondiert mit *Bildern* – von der Kakaobohne bis zur Überfülle an Schokolade – unterstützt von *klassischer Musik,* die den Besuchern mitten im Gottesdienst das Wasser im Mund zusammenlaufen lassen. Die *zweite Lesung* nimmt die Schuldgefühle der vorangegangenen *Szene* auf. Die *Predigt* entführt den Hörer in unsere Tradition des „süßen Herrn Jesu". Das *Fürbittengebet* nimmt das Thema als Metapher noch einmal auf.

Vorbereitung

- Erstellung der Dia-Show mit Schokoladenbildern und Aussuchen passender Musik;
- Kauf von Schokolade
- Einstudieren des Anspiels durch 2 Personen

Ablauf des Gottesdienstes

MUSIK

LITURGISCHE BEGRÜSSUNG

KYRIE UND GLORIA

Lasst uns einstimmen in das Gloria, zuvor aber dreimal das Kyrie aufnehmen. Wir beten:

Großer, guter Gott. Es ist November. Die Tage sind grau. Auch vieles in unserem Leben nimmt uns die Kraft und den Mut. Wir rufen zu Dir: Kyrie ...

Wir denken an Freunde, Väter, Mütter und Kinder, die in diesen Tagen an Gräbern stehen und sich an vergangene Zeit, an verlorenes Glück und an ihnen entrissene Menschen erinnern. Steh Du ihnen bei. Wir rufen zu Dir: Kyrie ...

Wir haben das Hochwasser in Mexiko vor Augen, die Schüsse aus Palästina in den Ohren und die Kälte der Obdachlosen in unserer Stadt in den Fingerspitzen. Wir rufen zu Dir: Kyrie ...

Großer, verschwenderischer Gott. Wir haben auch heute die Fülle Deiner Gaben in den Händen. Es ist warm. Wir freuen uns auf das Mittagessen, haben einander und feiern diesen Gottesdienst. Für all das und noch viel mehr loben wir Dich und singen: Gloria, Gloria in excelsis deo …

BEGRÜSSUNG

LIED
Liebster Jesu, wir sind hier (EG 161)

DIE BEDEUTUNG VON SCHOKOLADE IN UNSEREM ALLTAGSLEBEN

BILDCOLLAGE ZU SCHOKOLADE
Die Bilder illustrieren den Weg von der Kakaobohne bis zur süßen Überfülle in unseren Läden. Dabei steht der Genuss, nicht die moralische Wertung im Vordergrund.

1. LESUNG
(von zwei Personen im Wechsel zu lesen)
Ex 3,16 und 17; Ex 16,22–24a und 31f; Ex 33,1–2a; Ex 6,3–4; Dtn 26,7b–9; Dtn 26,15

ANSPIEL
2 Personen

Person 1
betritt den Raum und beginnt, einigen Personen in der Gemeinde Schokolade auszuteilen mit dem Argument: Schokolade vertreibt schlechte Gedanken wegen des trüben Wetters.

Person 2
kommt hinzu, nimmt Person 1 die Schokolade weg:
Ich kann es nicht mit meinem Gewissen vereinbaren, dass wir jetzt hier Schokolade verteilen. Wenn Ihr jetzt Schokolade esst, liegt Ihr alle morgen mit Zahnschmerzen im Bett und schreibt verzweifelte E-mails und sucht nach einem kompetenten Zahnarzt. Aber ich will doch nur, dass Ihr auch morgen noch mit Eurem Perlweiß-Lächeln kraftvoll zubeißen könnt. Außerdem enthält Schokolade nur Fett und Zucker und macht dick, und davor will ich Euch bewahren. Ich meine es nur gut mit Euch.
Person 2 isst genüsslich die Schokolade, die sie den Leuten gerade weggenommen hat.

Person 1
Schokolade enthält auch Vitamine und verdauungsfördernde Stoffe. Zwei Stück Schokolade entsprechen dem berühmten halben Glas Rotwein am Tag, außerdem macht Schokolade glücklich.

Person 2
Aber es bleibt ja meist nicht bei zwei Stück. Schokolade macht süchtig – ich will ja nicht, dass Ihr dieser Sucht verfallt. Eine repräsentative Umfrage der Bild-Zeitung hat ergeben, dass 39% der Frauen schokoladensüchtig sind. Man isst Schokolade doch nur aus Frust oder weil man einsam ist – aber das seid Ihr ja jetzt nicht, deshalb habt Ihr Schokolade gar nicht nötig.
Person 2 isst weiterhin Schokolade.

Person 1
Schokolade verbindet, weil es alle mögen, kleinster gemeinsamer Nenner in einer Gruppe, schmeckt gut.

Person 2
Fünf Sekunden auf der Zunge und ein Leben lang auf den Hüften. Schokolade hat 500 kcal – während Ihr hier herumsitzt, verbraucht Ihr gerade mal 30 kcal/h – das würde heute zu lange dauern, bis Ihr die Schokolade wieder ausgesessen habt. So lange können wir nicht warten, wir haben ja heute nachmittag noch etwas vor. Glaubt mir, Ihr habt nichts verpasst, die Schokolade ist einfach bloß süß.

Person 1
Es gibt verschiedene Sorten. Schokolade ist wie das Leben: Mal mit, mal ohne Füllung, Pralinen, einfache Schokolade, mal süß, mal bitter … Jesus hätte bestimmt auch Schokolade verteilt.

2. LESUNG
Lk 7,31–35

LIED

PREDIGT

VON DER SUCHE NACH „SÜSS" IN UNSERER TRADITION.
Schokolade kommt in der Bibel nicht vor. Auch nicht im Gesangbuch. Aber Honig. Und Honig ist süß. Ich suche die Worte, im Wörterbuch. S… Sü… Sünde! Zuerst kommt Sünde und dann süß. Das Wörterbuch kann nichts dafür. Das liegt am Alphabet. Unser Glaube ist manchmal auch so: Wir glauben oft: Wer Süßes will, muss sich erst durch die Sünde fressen. Aber „süß" kommt. Nach 6 Seiten „Sünde" eine halbe Seite „süß": 34 Bibelstellen. Immerhin. Und 38 Gesangbuchlieder!

DAS SÜSSE ZEITALTER (BAROCK)
Woher kommen diese süßen Lieder? Ich mache mich auf die Suche nach dem Schlaraffenland. Ich finde es! Wollt Ihr mit? Von mir aus links: Gleich hinter dem schönen prächtigen Gebäude der Aufklärung (literarisch erbaut von 1720–1785) und vor dem Renaissancehaus, steht etwas. Da gibt es

einen großen Knall. Und plötzlich schmeckt alles Tun und Denken nach Lebenslust, Fülle, Überschwang und vor allem nach Schokolade. Es ist, als wäre ein 5 Meter großes Nutellaglas explodiert. Genussvolle Stille. Dann die ersten Kritiker (100 Jahre lang): „Geschmacksverpestung" schimpfen sie und versuchen den süßen Überschwang zu bezwingen (Klassizismus). „Es war wunderbar!" flüstern die Ersten dann so ab 1888 und lecken sich die letzten braunen Punkte aus den Mundwinkeln. Sie nennen diese Explosion bis heute das Zeitalter des Barock (1600–1720). Du hast das Lebensgefühl des Barock noch auf der Zunge, wenn Du Dich mit allen Sinnen auf etwas einlässt. Wenn Du siehst und hörst, riechst und schmeckst und Dich ab und zu in Schokolade badest. Heute steht zwischen dem Renaissance-gebäude und dem Haus der Aufklärung eine Schokolateria mit kleinen goldenen Engelchen und vielen Verzierungen. Und wenn die Touristen vorbeikommen sagen sie meist nur: „Ist das nicht süß!"

WENN ICH DAS WORT SÜSS IN DEN MUND NEHME
(WONACH SÜSS ALLES SCHMECKT)
Aber „süß" ist vielmehr als Verniedlichung. Wonach schmeckt süß? Wenn wir das Wort in den Mund nehmen, woran erinnern wir uns?
(Gemeinde fragen.....)
Süß wie Zucker, wie Honig und eben wie Schokolade.
Wenn Du süße Kirschen hast, musst Du nicht in den sauren Apfel beißen.
Süß ist ein Vergleich. Sagt die Sprache.
Aber süß ist mehr. Süß schmeckt alles Sinnliche.
„Süße Düfte betören mich."
„Hörst Du das süße Lied der Nachtigall?"
„In einem süßen Traum höre ich Deine süße Stimme, aber Du verlierst Dich mit einem anderen in süßen Umarmungen."
Süß ist alles Sinnliche. Aber süß ist mehr:
Süß ist eine als angenehm empfundene innere Wirkung, wird positiv gewertet und ist erwünscht und willkommen. Als Gegenbegriff zu Mühe, Schwere und Zwang meint süß sorglos, unbeschwert und heiter.
Nach der langen Wanderung endlich im Zug: Der Wille erschlafft und ich falle in einen milden, süßen Schlaf.
Süß schmeckt intensiv: Letzten Freitag war ein besonders beglückender Tag. Wir hatten eine süße Stunde.
Ein süßer Augenblick.
Nicht alle Tränen, die Du weinst, sind bitter. Was sind süße Tränen?
Süß ist intensiv, aber süß ist mehr:
Süß schmeckt verführerisch: sogar das Wort verführt. Obwohl wir damit einen Geschmack, also eine subjektive Empfindung beschreiben, erscheint süß wie eine dem Objektiven zugehörige Eigenschaft.
Süß ist mehr: Süß ist, was zum Grundbestand des Lebens gehört.
Alles, was mir lieb, wert und teuer ist. Die süße Muttersprache und das süße Himmelreich gehören dazu. Nicht erst im Barock.

Süß ist von alters her, was genießbar, nahrhaft und bekömmlich ist. Auf süßem Boden wächst was. „Das täglich Brot schmeckt süße." Trinkwasser ist süß.

Süß ist, was einem am Leben erhält.

WENN DER GLAUBE SÜSS IST

Nach einer Explosion, auch wenn es ein Nutellaglas war, verändert sich alles. Auch Dein Glaube. In diesem Lebensgefühl von Überschwang und Glück kann niemand verhindern, dass auch Deine Gottesbeziehung süß schmeckt.

Sie erhält Dich doch am Leben. Sie will doch intensiv mit allen Sinnen von Dir gelebt und erlebt sein.

„Sehet und schmecket wie freundlich der Herr ist." In der Schokolateria unseres Glaubens singen wir mit süßem Schalle (39.7), hören auf die süßen Himmelslehren (161.1) und genießen den süßen Trost im Herzen! (372.5)

Denn unser Gott ist süß:

Und Christus ist wie Gott, auch hier:

„Er spricht mit süßen Lippen. (36.5)

Er duftet uns so süß. (30.3)

Willkommen süßer Bräutigam.(33.2)

Oh, süßer Herre, Jesu Christ. (109.3)

Ach wär ich da, ach ständ ich schon, oh süßer Gott vor Deinem Thron." (503.11)

DER SÜSSE ORT IM ALLTAG

Das süße Zeitalter gibt es nicht nur zwischen Renaissance und Aufklärung. Das süße Zeitalter gibt es auch in meinen täglichen Geschichten. Es ist die Lücke zwischen Tun und Denken. Und manchmal füllt sich diese Lücke mit Genuss: Der kalte Regentropfen schmeckt, wenn Du ihn, endlich im warmen Zimmer, mit der Zunge von der Oberlippe wischt. Das Schrille und Laute schmeckt anders, wenn Du mitten am Tag drei Minuten allein in der Kapelle sitzt und alles in Stille zergeht. Die Enter-Taste fühlt sich plötzlich süß an, wenn Du sie, nach drei Wochen Hausarbeit, ein letztes Mal niederdrückst.

Wie das Barockzeitalter 100 Jahre verpönt wurde, habe ich solche genussverdächtigen Pausen auch lange verspottet:

„In der Zeit hätte ich noch …"

„Nur jetzt keine Gefühlsduselei!"

„Gleich geht es weiter."

Langsam entdecke ich sie wieder, die Barockzeit meines Alltags.

Nicht auszudenken, wenn Dir das auch passiert.

Vorsicht also auf dem Weg von Deinen klugen Gedanken zu Deinen nützlichen Taten. Vorsicht auf Deiner täglichen Reise vom Gehirn in die Hand und zurück.

Vorsicht, denn Du musst am Mund vorbei. Dort schmeckt es nach Fülle und Lust und vor allem nach Schokolade.

Es ist ein süßer Moment, nur ein Augenblick. Auf der Zunge ist man nur auf der Durchreise: Vom Kopf in die Hände oder zurück. Aber es lässt sich dort leben auf dieser Insel zwischen Denken und Tun. Und es ist keine einsame Insel. Jesus ist schon dort!

Der süße Ort des Glaubens

Nicht auszudenken, wenn sich so was herumspricht. Kaum vorstellbar, wenn Mission auf der Zunge geschieht. Dann wäre Mission ein Genuss für alle Beteiligten. Verführerisch wie eine Tasse heiße Schokolade. Wer Dich sieht, käme dann auf den Geschmack des Glaubens, weil auf Deiner Nasenspitze noch Schaum klebt.

Das würde zu Jesus passen. Denn der hat etwas verstanden vom prallen Leben. Er liebt Deine scharfen Gedanken und freut sich über gepfefferte Taten. Aber er möchte bei Dir auch süß werden. Er will auch an Deinen Lippen kleben. Nur im Kopf ist es ihm zu langweilig. Nur in den Händen zu anstrengend.

Amen.

Glaubenslied

An einen Gott nur glauben wir (EG 780)

Fürbitten *(3 Leser)*

Leser 1

Lasst uns beten und immer einstimmen in das „Herr, erbarme Dich!". Für alle, denen Wesentliches zum Leben fehlt, für Hungrige ohne Brot, für Müde ohne Bett, für Gesunde ohne Arbeit, für Kranke ohne Medizin, für Gesellige ohne Freunde, rufen wir zu Dir: Herr, erbarme Dich.

Leser 2

Für alle, die übersättigt sind vom Mensa-Spam, die zwar alles haben, was sie zum Leben brauchen, das aber nicht genießen können, rufen wir zu Dir: Herr erbarme Dich.

Leser 3

Für alle, die die Schwere und Mühen in ihrem Leben satt haben und sich nach Leichtigkeit und Freude sehnen, rufen wir zu Dir: Herr erbarme Dich.

Leser 1

Für alle, die ihre Sinne missachten und zu viel im Kopf und mit der Hand arbeiten, rufen wir zu Dir: Herr erbarme Dich.

Leser 2

Für alle, die zu viel im Leben nur anreißen und ausprobieren, aber nie auf den vollen Geschmack kommen, bitten wir: Herr erbarme Dich.

Leser 3

Für alle, die das Glück in kleinen Portionen suchen. Schenk ihnen die XXL-Packung. Wir rufen zu Dir: Herr erbarme Dich.

Leser 1

Für alle, die das Glück in der XXL-Packung erwarten, lass es sie in kleinen Portionen genießen. Wir rufen zu Dir: Herr erbarme Dich.

Leser 2

Für alle, die das Leben bitter gemacht hat: Dass sie einen süßen Gott erfahren. Wir rufen gemeinsam: Herr erbarme Dich. Amen.

ABENDMAHL

LIED

SCHOKOLADE ALS GENUSS
   Verteilung von Schokolade

SEGENSLIED
   Bewahre uns Gott, behüte uns Gott (EG 171)

SEGEN

MUSIK

KOLLEKTE
   z.B. zur Unterstützung von Fairhandelsprojekten

Liedanhang

Mein Hirte bist Du

(K) Mein Hir-te bist Du, mir wird es an nichts feh-len.
Auf Dei-ne Hand, die mich hü-tet, darf ich zäh-len.

Du wei-dest mich an ei-nem gu-ten Ort.
Zu neu-er Kraft fin-de ich auf Dein Wort.

(1) Du bringst mich ans Was-ser, wo ich trin-ken kann,
Du lei-test mich si-cher, lässt mich nicht al-lein,

um Ru-he zu fin-den dann und wann.
stehst mit Dei-nem Na-men da-für ein.

(2) In finsteren Tälern leuchtet mir Dein Stern
Das hält mich von Lebensängsten fern
Du führst und beschützt mich und das tut mir gut
Dein ewiger Atem macht mir Mut

(3) An rauhesten Tagen deckst Du mir den Tisch
Und lässt mich Dein Gast sein umsorgst mich
Du reichst mir den Becher schenkst mir randvoll ein
Teilst mir mir das Brot und guten Wein

aus der Ev. Studentengemeinde Dresden · Hans-Bernhard Liebau

Unsern Schöpfer preisen wir

nach Psalm 147

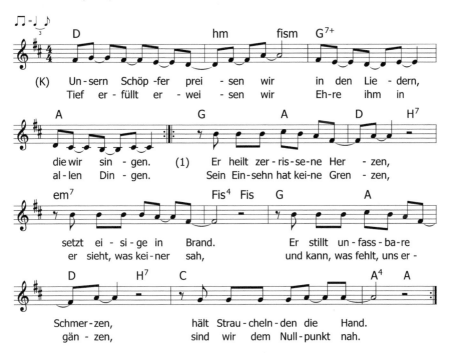

(K) Un-sern Schöp-fer prei - sen wir in den Lie - dern,
Tief er-füllt er - wei - sen wir Eh-re ihm in

die wir sin - gen. (1) Er heilt zer-ris-se-ne Her - zen,
al-len Din - gen. Sein Ein-sehn hat kei-ne Gren - zen,

setzt ei - si-ge in Brand. Er stillt un-fass-ba-re
er sieht, was kei-ner sah, und kann, was fehlt, uns er -

Schmer-zen, hält Strau-cheln-den die Hand.
gän - zen, sind wir dem Null-punkt nah.

(2) Er kennt die Zahl aller Sterne
Jeden hat er benannt
Sein Werk aus Nähe und Ferne
Ergründet kein Verstand
Siehst Du das Spiel seiner Werke
Wie seine Wolken ziehn
Über die Wiesen und Berge
Die farbenfroh erblühn

(3) Er gibt den Tieren ihr Futter
Den jungen Raben auch
Und sorgt sich wie eine Mutter
Um jeden leeren Bauch
Ein Mensch der auf seine Pferde
Und schnelle Krieger setzt
Wird bald schon wieder zu Erde
Es hat ihm nichts genützt

(4) Er schenkt die sicheren Mauern
Aus denen Leben quillt
Im Weizen stehen die Bauern
Dort wo sein Segen gilt
Er freut sich an seinen Gliedern
Die sich nach ihm umsehn
Und seine Liebe erwidern
Die ihm entgegengehn

aus der Ev. Studentengemeinde Dresden · Hans-Bernhard Liebau

Wo zwei oder drei

nach Jesu Worten
aus dem Neuen Testament

(1) Wo zwei o - der wo drei in mei - nem Na - men ver - sam
Wahr - lich, ich sa - ge Euch, wenn Ihr Gott in mei - nem Na -

- melt sind, da bin ich un-ter Ih - nen.

men an - fleht, er - hört er Euch.

Wenn Dein Glau - be wie ein Senf - korn wär,
Ber - ge weg - be - we - gen könn - te er.
In das Him-mel - reich, das längst be - ginnt,

kommt nur, wer es an-nimmt wie ein Kind.

(2) Obwohl die Witwe nur zwei Kupfermünzen hingab
War das mehr als die andern gaben
Wer überheblich lebt wird gebeugt
Und wer auf sich nicht viel gibt der wird erhöht

(3) Und wer heute zu den Letzten zählt
Wird ein Erster in der neuen Welt
Vor dem Sommer blüht der Feigenbaum
Gib dem Auge Deines Herzens Raum

(4) Kommt alle her zu mir
Die Ihr mühselig Beladene seid
Ich will Euch erquicken
Ich bin die Quelle die niemals versiegt
Und wer aus mir trinkt stillt den Lebensdurst

aus der Ev. Studentengemeinde Dresden · Hans-Bernhard Liebau

Seenot

(1)+(4) See-not, in Sturm ge-ra-te-nes Boot, vom Sin-
        leck-ge-schla-gen am Kiel, vom Kurs
   Kon-takt zu Kü-ste ver-lorn, kein Leucht-
   nur ei-sig to-sen-de Gischt, und kein

ken be-droht,
ab, kein Ziel,
turm, kein Horn,
Land in Sicht. Wo führt mein

Le _____ -ben hin? Wie hilf-los
klein ich bin. Groß nur der
Schmerz in mir.

Wer er-klärt mein Ver-sa-gen, wer zahlt den Preis da-für?

(2) Mor-gen schon bin ich al-so tot. Auf dem
    Grund liegt das le-cke Boot. Hän-de,
    still, kön-nen nichts mehr tun. Auch der
    Mund wird für im-mer

(zu 3) bleibt, wenn das Au-ge bricht? Ist da
    Lie-be, o-der ist sie's nicht? Was ich
    Dir schul-dig als Mensch blieb, macht aus
    mir e-wig ei-nen

ruhn. (3) Sag was → s.o. (4)
Dieb.

aus der Ev. Studentengemeinde Dresden · Hans-Bernhard Liebau

Froh gelaunt

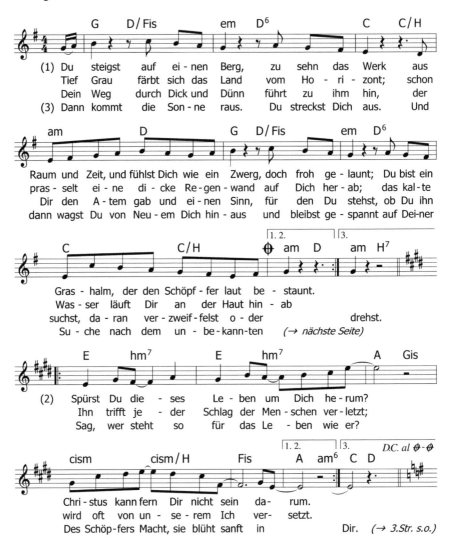

G   D/Fis   em   D⁶   C   C/H

(1) Du   steigst   auf ei - nen   Berg,   zu   sehn   das   Werk   aus
Tief Grau   färbt sich das   Land   vom   Ho - ri - zont;   schon
Dein Weg   durch Dick und Dünn   führt   zu   ihm   hin,   der
(3) Dann kommt   die   Son - ne   raus.   Du streckst Dich aus.   Und

am   D   G   D/Fis   em   D⁶

Raum und Zeit, und fühlst Dich wie ein Zwerg, doch froh ge - launt; Du bist ein
pras - selt   ei - ne   di - cke Re - gen - wand auf   Dich her - ab;   das kal - te
Dir den   A - tem gab und ei - nen Sinn,   für   den Du stehst, ob Du ihn
dann wagst Du von Neu - em Dich hin - aus und bleibst ge - spannt auf Dei - ner

C   C/H   ⊕ am   D   am H⁷
|1. 2. |3.

Gras - halm, der den Schöpf - fer laut be - staunt.
Was - ser läuft Dir an   der Haut hin - ab
suchs, da - ran ver - zweif - felst o - der   drehst.
Su - che nach dem un - be - kann - ten   *(→ nächste Seite)*

E   hm⁷   E   hm⁷   A   Gis

(2) Spürst Du die - ses   Le - ben um Dich he - rum?
Ihn trifft je - der Schlag der Men - schen ver - letzt;
Sag, wer steht so   für das Le - ben wie er?

cism   cism/H   Fis   A am⁶ C D
|1. 2. |3.   *D.C. al ⊕ - ⊕*

Chri - stus kann fern Dir nicht sein da - rum.
wird oft von un - se - rem Ich ver - setzt.
Des Schöp - fers Macht, sie blüht sanft in   Dir. *(→ 3.Str. s.o.)*

Land. Bald schweift Dein Blick ins Rot der A-bend-

glut, als wä-re sie Dein Herz, das sich auf-tut wie ei-ne

Tür, durch die Dich Chri-stus tra-gen wird, kannst Du nicht mehr. Dann

stehst Du auf dem Berg, be-siehst das Werk der

E-wig-keit und fühlst Dich wie ein Zwerg, doch froh ge-launt

bleibst Du ein Gras-halm, der den Schöp-fer laut be-staunt, bleibst Du ein

Gras-halm, der den Schöp-fer laut be-staunt. Du bist froh ge-launt.

aus der Ev. Studentengemeinde Dresden · Hans-Bernhard Liebau

Noch male ich schwarz

(1) Mei - ne Schuld be - las-tet mich und macht mich be - trübt. Frem-de Not ver -
    Schla-ge auf mich sel-ber ein, das be - freit mich nicht. Flie-he reh-scheu

brei-tet sich, nur weil es mich gibt. Und es ist ge - sche - hen um des
hin-ter mein mas-kier-tes Ge - sicht. Kann so schlecht ver - lie - ren, geb mich

Le - bens-glück, Aus-weg nicht zu se - hen und auch kein Zu - rück.
gern per - fekt und will nicht ka - pie-ren, wo der Ham-mer steckt.

(K) Noch zie - hen dü - ster die Wol - ken am Him - mel, noch
    Wann lass ich end - lich die Nacht hin - ter mir und den

ma - le ich schwarz.
Mor - gen ins Herz?

(2) Meine Sicht der Dinge bringt anderen den Zwang
Denke schnell dass mir gelingt was Gott nicht gelang
Ziehe dann zu Felde mit dem Kreuz dabei
Und in mir die Kälte tötet Jesus neu
Meine Sensibilität ist so'n linkes Ding
Merk es nicht oder zu spät wo ich mich verging
Dort wo ich versage lass ich Gott allein
Dunkel solche Tage sollten heller sein

aus der Ev. Studentengemeinde Dresden · Hans-Bernhard Liebau

Danksagung an die
Vertrauensstudenten der ESG Dresden
SS 2000 bis SS 2009

Dieses Praxisbuch wäre ohne die „heimlichen Mitautoren" der ESG nicht denkbar. Ihr habt jeweils ein halbes Jahr lang, jeden Mittwochabend Eure Zeit, Kraft, Phantasie, Euren Glauben und Euren Humor in die Gestaltung der Gottesdienste eingebracht; Gott zur Ehre, der Gemeinde und nicht zuletzt mir zur Freude. Deshalb gilt der Dank am Ende Euch, den V's:

SS 2000	Anne-Katrin Frenzel	Krankenpflege
	Annett Otto	Lehramt Ev. Religion, Geschichte
	Robert Huhn	Maschinenbau
	Winfried Wolfrum	Lehramt Kunst, Englisch
WS 00/01	Claudia Beleites	Chemie
	Ludwig Kornau	Elektrotechnik
	Susanne Platzhoff	Soziologie
	Elisabeth Riecke	Kunstgeschichte, Französisch, Geschichte
SS 2001	Jane Rawson	Biologie
	Susanne Wohlgemuth	Musik (Klavier)
	Björn Knöfel	Elektrotechnik
	Johannes Frenzel	Chemie
WS 01/02	Matthias Doms	Jura
	Friederike Schlemmer	Medizin
	Susann Worschech	Lehramt Soziologie, Politikwissenschaft, Geographie
	Katja Rehbein	Literaturwissenschaften/Germanistik
SS 2002	Jakob Kunze	Verkehrswirtschaft
	Joachim Maresch	Verkehrsingenieurwesen
	Franziska Richter	Medizin
	Friedbert Straube	Verkehrsingenieurwesen
WS 02/03	Catharina Eckstein	Deutsch als Fremdsprache/ Linguistik/Erziehungswiss.
	Ronny Flade	Sozialpädagogik
	Christiane Kornau	Physiotherapeutin
	Sebastian Siegel	Elektrotechnik

SS 2003	Carena Langner	Lehramt Englisch, Ev. Religion
	Philip Kühnöl	Architektur
	Friederike Richter	Soziale Arbeit
	Göran Nitsche	Informatiker
WS 03/04	Susanne Jürgens	Pharmazie
	Daniela Koudela	Physik
	Jana Thorandt	Medizin
	Michael Graf	Maschinenbau
	Uwe Bochmann	Architektur
SS 2004	Judith Albrecht	Magister und Lehramt Religion, Geschichte
	Ulrike Plank	Architektur
	Hans-Bernhard Liebau	Softwaretechnik
	Dirk Wegener	Bauingenieurwesen
WS 04/05	Christine Melzer	Lehramt Musik und Deutsch
	Christoph Valerius	Elektrotechnik
	Jens Matthes	Koch und Klavierlehrer
	Victor Vincze	Kulturmanagement
SS 2005	Maria Schulze	Erziehungswissenschaften
	Nora Hentschel	Wirtschaftsingenieurwesen
	Sophia Kattelmann	Philosophie, Theologie, Soziologie
	Tobias Schlemmer	Mathematik
	Matthias Thiele	Elektrotechnik
WS 05/06	Miriam Dörrie	Lehramt Kunst/Französisch
	Ricarda von Repel	Medizin
	Bettina Reinköster	Juristin
	Ralf Kersten	Lehramt Bautechnik und Wirtschafts- und Sozialkunde
	Markus Jost	Lehramt Englisch, Französisch
SS 06	Franziska Rudisch	Werkstoffwissenschaft
	Konrad Schwenke	Physik
	Matthias Klotz	Sozialpädagogik
	Marek Schellenberg	Lehramt Maschinenbau/Religion
WS 06/07	Birgit Noack	Ärztin
	Kristin Hegenbarth	Reiseverkehrskauffrau
	Albrecht Hopfe	Physik
	Friedrich Pasch	Mechatronik
	Rani Al Khoury	Informatik

SS 07	Johannes Tröster	Elektrotechnik
	Katrin Uhlig	Deutsch als Fremdsprache, Slawistik
	Christoph Statz	Elektrotechnik
	David Kretschmer	Psychologie
	Angela Schiefer	Sozialpädagogik
WS 07/08	Claudia Körner	Germanistik, Romanistik
	Claudia Opitz	Medizin
	Heidrun Sasse	Physik
	Tina Meißner	International Business
	Georg Dallmann	Elektrotechnik
SS 08	Jörg Rößiger	Forstwissenschaften
	Julia Fleischhack	Psychologie
	Luise Krause	Lehramt Religion und Englisch
	Steffen Lehmann	Elektrotechnik
	Uta Schwenke	Chemie
WS 08/09	Christian Krauß	Softwaretechnik
	Thomas Kretzschmar	Maschinenbau
	Julia Siegert	Rechtspflege
	Hella Ußler	Mathematik
	Diana Wildeck	Lehramt Mittelschule Französisch/ Geschichte
SS 09	Elisabeth Berthold	Bauingenieurwesen
	Jakob Lehmann	Geschichte/Philosophie
	Michael Wirth	Maschinenbau
	Philipp Machalett	Verkehrsingenieurwesen
	Stephan Uhlig	Wasserwirtschaft

In herzlicher Verbundenheit

Euer Leo, der Pope